高等院校通识教育课程系列教材

教师语言简明教程

主编 / 贺桂兰 张丽娟

IAOSHI YUYAN

JIANMING JIAOCHENG

北京师范大学出版集团
BEIJING NORMAL UNIVERSITY PUBLISHING GROUP
北京师范大学出版社

图书在版编目(CIP)数据

教师语言简明教程/贺桂兰，张丽娟主编. --北京：
北京师范大学出版社，2024.9(2025.8重印)--(高等院校通识教育课程
系列教材). --ISBN 978-7-303-30185-0

Ⅰ. G42
中国国家版本馆 CIP 数据核字第 2024MP4505 号

JIAOSHI YUYAN JIANMING JIAOCHENG
出版发行：北京师范大学出版社 https://www.bnupg.com
　　　　　北京市西城区新街口外大街 12-3 号
　　　　　邮政编码：100088
印　　刷：天津中印联印务有限公司
经　　销：全国新华书店
开　　本：787 mm×1092 mm　1/16
印　　张：12.75
字　　数：235 千字
版　　次：2024 年 9 月第 1 版
印　　次：2025 年 8 月第 3 次印刷
定　　价：42.80 元

策划编辑：李红芳　　　　　责任编辑：李红芳
美术编辑：焦　丽　　　　　装帧设计：焦　丽
责任校对：王志远　　　　　责任印制：马　洁

本书编写委员会

主　　编　贺桂兰　　张丽娟

副主编　葛延峰　　宫东红　　马　莉

编　　者（排名不分先后）

　　　　　王晨霞　　王志芳　　马　莉　　宫东红

　　　　　贺桂兰　　赵志丽　　张丽娟　　葛延峰

　　　　　张雪莹　　刘小林

PREFACE

前言

党的二十大报告指出，教育、科技、人才是全面建设社会主义现代化国家的基础性、战略性支撑。为全面贯彻党的教育方针，许多高校在课堂改革过程中逐步把普通话课改为教师口语课、教师语言课等，教学目标由以提高学生的普通话水平为主转变为以提高学生的口语表达能力为主。在这一改革过程中，我们就教师语言课如何提高学生的口语表达能力进行了研究，编写了适合学生进行口语表达训练的指导性教材。

本教材的特色与创新之处主要体现在以下几个方面。

1. 将传授知识、培养学生技能与思想政治教育相结合

本教材在教学设计中把师德教育、思想政治教育作为课程教学的首要目标，与语言教育相结合，充分发挥课程的德育功能，提炼课程中蕴含的文化基因和价值模式，将其转化为社会主义核心价值观的具体化、生动化的有效载体。

2. 将科学理论知识框架与实践训练相结合

教师语言课是一门实践性很强的课程，要有效地提高语言能力，须系统地学习口语表达的理论知识，同时重视实践，以训练为核心，从而增强教师语言的使用能力。本教材知识点简洁、精练，训练内容丰富多样，做到了理论性与实践性的有机融合。

3. 突出师范特色，加强师范教育

本教材从主要内容的编排到训练材料的选择都高度体现了师范特色，通过多样化的教学活动，尽可能多地展示教师风采，让优秀教师的语言、思想和行为感染学生。

4. 结构设置科学合理，突出针对性和实用性

围绕教师语言这个核心，本教材内容分为四部分：一是普通话语音及普通话水平测试；二是口语表达的基础技能、基本方式及综合运用；三是交际语的概述和实际运用；四是教育口语和教学口语的运用。和同类教材

相比，本教材的针对性和实用性较强。

5. 教材的编写兼顾性较强

本教材注重理论联系实际，理论知识内容简明扼要，实践内容丰富多彩：既有学生喜闻乐见的优美散文、古诗词及流行歌曲等，有利于弘扬中华优秀传统文化，培养学生爱国主义情怀；又有优秀教师的典型事迹，不仅能够激发学生的学习兴趣，而且对学生树立良好的职业观有重大意义。

教师语言课的教学仍然处于不断摸索与创新之中，本教材的内容也随着时代的变化进行了相应的调整与更新。热忱欢迎广大语言应用研究专家、高校师生及其他读者提出宝贵意见，使本教材日臻完善，发挥其应有的作用。

编　者

2025 年 7 月

CONTENTS

目 录

绪　论

一、教师语言课的性质

党的二十大报告提出，到 2035 年建成教育强国。强教必先强师，教师队伍素质直接决定着学校的办学能力和水平。学校和学生对教师素质的要求越来越高。一名合格的教师，不仅要有高尚的职业道德、扎实精深的专业知识和良好的人文与科学素养，还要具有一定的教育、教学的实践能力和较为娴熟地从事日常教育、教学工作的职业技能。口语表达是教师开展教育、教学工作的主要方式和手段。

教师语言课是一门语言应用课，是在一定的理论指导下，有目的、有计划、有步骤地培养师范类各专业学生的教师职业口语技能的公共必修课，具有教育性、师范性的特点。同时，教师语言课也是一门实用技能课，其根本目的不在于学习理论，而在于通过实践或练习引导学生掌握基本技能，着重解决如何"说话"的问题，具有实践性、应用性的特点。此外，教师语言课还是一门多学科综合的语言艺术课，涉及口才学、语言学、社会学、交际学、教育学、心理学、逻辑学、美学、修辞学等理论，具有综合性、思想性、人文性的特点。总之，教师语言课是一门具有师范性、应用性和综合性等特点的教师职业技能必修课。

二、开设教师语言课的意义

其一，开设教师语言课是培养合格教师的需要。教师传道、授业、解惑，依靠的主要工具就是语言。苏霍姆林斯基说过，教师的语言修养在极大程度上决定着学生在课堂上脑力劳动的效率。教师职业的特点决定了教师语言的重要性，无论是传授知识还是教育学生，都离不开良好的口语表达能力。所以，师范院校开设教师语言课对培养合格教师意义重大。

其二，开设教师语言课是提高师范生综合素质的需要。语言应用能力是人类生存和发展所必需的一种基本能力，是综合素质的重要构成要素，对其他各种素质的形成、发展具有重要的基础性作用。语言是表达思维的工具，思维的内容和方式可以通过语言具体表现出来，没有语言的表达，思维就没有实际意义。语言的发展促进了思维的发展，良好的语言表达能力对个人的成长具有不可低估的作用和深远的影响。

三、教师语言课的教学目标与课程内容

(一)教学目标

习近平总书记明确指出，要"加大国家通用语言文字推广力度"，"深化教育领域综合改革"。教师语言课是根据国家发展基础教育的需要、强化教师职业技能的需要开设的课程，是深化教育改革、提高教育质量的重要举措。教师语言课的教学目标如下。

(1)教育学生热爱祖国的语言和文字，认真学习、积极贯彻国家语言文字工作的方针政策，增强学生运用语言文字的规范意识。

(2)对学生进行心理健康教育，帮助他们克服口语表达时的心理障碍。学生通过学习优秀教师的事迹，树立良好的职业观，努力做到爱教、乐教、善教。

(3)教育学生能够用标准的普通话进行一般口语交际并开展教育、教学等活动。让学生能够做到熟练地发准普通话的声母、韵母、声调、音节，掌握语流音变的规律，具备一定的方音辨正能力，能够顺利通过普通话水平测试。

(4)教育学生掌握一般口语交际技能，有一定的辨析能力；说话清晰、流畅、得体、贴切，有一定的应变能力，语态自然大方。

(5)教育学生初步掌握教育、教学口语的基本技能。让学生能够根据不同的教育、教学和工作情境的需要，调控声音的高低强弱，掌握语气、语调、重音、节奏等口语修辞技巧；针对不同的教育对象，运用相应的教育、教学语言进行有针对性的教育，为学生今后顺利毕业、工作打下良好的口语表达基础。

(二)课程内容

教师语言课由普通话语音训练、一般口语交际训练和教师职业口语训练三部分组成。

普通话作为教师的职业语言，是一般口语交际训练与教师职业口语训练的前提，应贯穿教师语言课的始终。通过普通话语音训练，学生能够了解现阶段国家语言文字工作的方针、政策、任务，正确掌握《汉语拼音方案》和普通话语音系统，熟练地发准普通话的声母、韵母、声调、音节，具备一定的方音辨正能力。

一般口语交际训练是普通话训练的深化和延伸，是教师职业口语训练的基础。一般口语交际是社会人际交往中基本的口头语言活动，是师范生适应现代社会发展需要的重要能力。一般口语交际训练，要求学生了解口语表达的基本要求；熟悉口语表达的基本技能；了解并初步掌握口语表达中态势语运用的基本原则与方法；熟练掌握多种口语表达的基本方式；养成良好的倾听与表达习惯，逐步提高其口语表达的能力。

教师职业口语训练是一般口语交际训练的扩展与提高，是教师语言课的学习目标。教师职业口语训练要求学生了解教师职业口语的基本特点、表达要求及需要掌握的基本技能。

四、教师语言课的教学原则与教学方法

(一)教学原则

教师语言课是一门综合性、实践性、应用性、灵活性很强的课程。教师在教学中应遵循以下四个原则。

1. 将传授知识、培养学生技能与思想政治教育相结合的原则

教师在教师语言课上传授知识、培养学生技能的同时，还有效地融入了思想政治教育的内容。这门课程在教学设计上把学生的思想政治教育作为课程教学的首要目标，与语言教育相结合，充分发挥了其德育功能。

2. 将理论与实践相结合的原则

教师语言课是一门实践性很强的课程。要有效地提升语言能力，一个重要的方法就是系统地学习口语表达的理论知识。学生只有在正确的理论指导下进行实践，才能起到事半功倍的效果。此外，学生必须重视实践，要以训练为核心。这既能降低训练的盲目性和随意性，又能在反复、严格的训练和实践中逐步提升学生的口语表达能力，为今后的毕业、实习和工作奠定良好的基础。

3. 将课内与课外相结合的原则

语言表达技能的养成需要反复的训练和实践，但受限于课堂时间、人数和场景，往往难以真正实现技能的全面提升。各种课外活动的空间广阔、时间充裕、情境真实、练习形式多种多样，是课堂教学的重要补充。课堂教学以教师讲授、示范、讲评为主；课外教学以学生练习、巩固、发展、提升为主。二者相互补充，相得益彰。教师要鼓励学生参加各类演讲大赛、辩论会、故事会、模拟招聘等活动，可以有效提升其语言

表达技能。

4. 将传统的教学方法与现代多媒体相结合的原则

习近平总书记在中共中央政治局第五次集体学习时强调，教育数字化是我国开辟教育发展新赛道和塑造教育发展新优势的重要突破口。进一步推进数字教育，为个性化学习、终身学习、扩大优质教育资源覆盖面和教育现代化提供有效支撑。除了传统的教师讲授与示范等方法，还可以通过录音、录像等方式，把传统的教学方法与现代化的微格教学、多媒体技术结合起来，这样既可以调动学生学习的积极性，又能取得更为理想的学习效果。

(二)教学方法

针对教师语言课实践性、综合性强的特点，教师语言课的教学方法和一般课程不同，主要通过以下三种方法进行。

1. 概略讲授理论知识

教师对理论知识的讲解无须过深，占用时间不能过长，要为学生提供大量的口语交际情境的典型案例。学生接触各类交际情境，获得不同的口语表达体验与感受，再进行举一反三的演练，从而在实际的运用中掌握各类口语交际的特点及表达技巧。

2. 重视学生的实践训练

重视学生的实践训练是教师语言课最核心的内容。学生的实践训练可以是单项训练，也可以是综合训练；可以是全员训练，也可以是部分或个别学生训练。要求学生注重平时的语言积累，鼓励学生积极参加学校及各院系组织的演讲、诵读等活动。课上以教师示范、点评和学生互评为主；课下则以学生复习、巩固、提升为主。教师通过引导学生自我激励的方式，提升学生的语言表达能力。

3. 充分利用影像教学法

影像资料具有形象、直观、生动的特点，深受学生喜爱。教师可以让学生观看名人演讲、大学生辩论赛、优秀教师教育教学实况等具有示范作用的录像材料；也可以让学生观看具有代表性、普遍性和借鉴意义的录像材料，通过师生讨论、交流，学生从中学习；还可以把学生的单项或综合的口语表达过程录下来，回放给学生看，组织学生自评、互评及教师点评等，在听、看、思、练的过程中逐步提升学生的语言表达能力。

第一章　普通话语音

第一节　普通话概述

一、什么是普通话

普通话作为我国的法定通用语言，是指有明确规范的现代汉民族共同语，即现代汉语的标准语，是我国各地区、各民族之间的通用语。1955 年 10 月，在北京召开的现代汉语规范问题学术会议对我国语言文字的统一规范工作展开了讨论和研究。1956 年 2 月，国务院发布了《国务院关于推广普通话的指示》，明确了普通话的定义：以北京语音为标准音、以北方话为基础方言、以典范的现代白话文著作为语法规范。其可以概括为一个标准、一个基础、一个规范。

普通话的标准不是任意制定的，而是根据汉语的历史发展和客观需要，并经过充分论证得出的。

（一）以北京语音为标准音

北京语音是指北京音系，即北京话的声、韵、调系统，不包括北京话里的土词、土音。

从汉语的历史发展来看，北京语音作为普通话的标准语音有以下几个原因。

（1）自金元时期以来，北京一直是中国的政治、经济、文化中心。明清时期，北京话作为官府的通用语传播到全国各地而发展成了"官话"，"官话"成了当时各方言区之间人们共同使用的交际工具。北京话的影响力逐渐扩大，在方言中的地位日益重要。

（2）五四运动时期，白话文运动动摇了文言文的统治地位，为白话文在书面上取代文言文创造了条件；而国语运动在口语方面增强了北京话的代表性，促使北京语音成为汉民族共同语的标准音。

(3)在中华人民共和国成立前后，话剧、电影等艺术形式和宣传工具都已经采用北京语音，加之北京语音音系简明易学、表现力强。因此，北京语音作为普通话的标准语音，是历史发展的必然结果。

(二)以北方话为基础方言

汉民族人口众多，分布区域广阔。在长期的历史发展过程中，各地区因政治、经济、文化发展的不平衡，形成了各种方言。这些方言在语音、词汇、语法方面各有特点。根据各种方言形成、发展的历史及其特点，全国汉民族居住地按语言系统可分成北方方言区、吴方言区、湘方言区、赣方言区、客家方言区、闽方言区和粤方言区七大方言区。

在方言中，地域方言和地点方言不一样，如北方话(亦称北方方言)是地域方言，北京话是地点方言。同一地域的各个地点的方言在语音上会有较大的差别，但在词汇和语法上的差别较小。在七大方言区中，最大的方言区是北方方言区。东北、华北、西北、西南及长江以北地区都属于北方方言区。由于北方方言在词汇和语法上具有较高的一致性，因此它成为现代汉语普通话的基础方言。对于许多南方方言来说，其虽然在口语表达上与北方方言存在较大差异，但在书面语上，各方言都普遍采用一种汉字作为工具。无论是南方还是北方，书面语都普遍采用北方方言的词汇和语法规则，这使得虽然各地的口语不同，但在书面语上仍能被广泛理解。

虽然普通话的词汇基础是北方方言，但并不是全盘使用北方方言词语，而是吸收了大量的各地方言中富有表现力的词语以及古代的、外来的词语，使得普通话超越了各地方言，成为内容更丰富、表现力更强的共同语。

(三)以典范的现代白话文著作为语法规范

由于口语具有较强的灵活性，语法规范不可能被明确固定下来，因此普通话的语法规范主要存在于以北方方言为基础写成的书面语作品中。其一，这些作品应当是白话文，不是文言文。其二，这些白话文作品必须是现代的，即五四时期以后的作品。比如，《水浒传》和《红楼梦》等中国古代白话文作品，因为其和现代白话文作品的表达方式存在较大差别，不适合作为语法规范的基础。此外，白话文作品应当具有典范性。比如，小学教材中所选的大多数文章，都是具有典范性的作品，适合小学生用来学习普通话。

二、普通话的法律地位

我国 1982 年的《中华人民共和国宪法》明确规定了"国家推广全国通用的普通话"，把推广普通话写入国家的根本大法。2001 年 1 月 1 日，我国正式施行《中华人民共和国国家通用语言文字法》(以下简称《国家通用语言文字法》)，进一步确立了普通话作为国家通用语言的法律地位。

1998 年起，每年 9 月的第三周开展推广普通话的宣传活动，该周被称为推广普通话宣传周。在推广普通话宣传周期间，全国各地开展内容丰富、形式多样的活动，宣传与语言文字相关的法律法规、方针政策和规范标准，传承和弘扬中华优秀传统文化。每年一次的推广普通话宣传周活动进一步加大了普通话的宣传力度，拓宽了普通话的宣传范围，对大力弘扬中华优秀传统文化和爱国主义精神，加强社会主义精神文明建设发挥了重要作用。

三、普通话的语音特点

每一种语言的语音都有自己的特点。普通话语音以北京语音为标准音。普通话语音系统主要包括声母、韵母、声调、音节以及变调、轻声、儿化、语调等，它的特点就是简单、清楚、表现力强。其具体表现在以下几个方面。

(一)音系简明

北京音系一共有 32 个音素，其中 22 个辅音音素、10 个元音音素，组成了 21 个声母和 39 个韵母，声韵结合，构成了 400 多个基本音节，再加上 4 个声调，去除有音无字的音节，有超过 1250 个有音有字的音节。

(二)清亮、高昂，舒缓、柔和

普通话语音听上去既清亮、高昂，又舒缓、柔和，主要是因为北京语音有以下特点。

1. 元音占优势

元音占优势主要表现在以下三个方面。一是在一个音节中可以没有辅音，但不能没有元音。元音可以自成音节，很少有不用元音的音节，如用"α"这个最响亮的元音音素作为"主要元音"的音节有 150 多个，约占全部音节的 40%，听起来就比较响亮、爽朗、清楚；除了几个叹词的辅音音节，通常辅音不能自成音节。二是元音收尾的音节多，辅音除 n 和 ng 外，其余都不出现在音节末尾。元音收尾的音节，发音洪亮持久。三是在 39 个韵母中，全部由元音构成的韵母有 23 个(其中 10 个单元音韵母，13 个复合元音韵母)。音节中音素最多可以有 4 个，而元音最多可以有 3 个。

2. 清辅音居多

在 22 个辅音中，只有 5 个浊辅音 m、n、l、r、ng，其余 17 个辅音都是清辅音。此外，b、d、g 等不但是清音，而且是不送气的清塞音，发音不紧张。

3. 有四个声调

普通话语音每一个音节都有声调。声母、韵母相同的音节，往往靠不同的声调来区别意义。四个调类高、扬、转、降，变化明显。不同的声调交相配合，高低升降，抑扬顿挫。调值高音成分多、低音成分少，使语音清亮、高昂，呈现出高低抑扬的音乐色彩。

(三)节奏感和韵律感

北京语音词汇的双音节化、词的轻重音格式都使得音节之间区分鲜明，四字格的词语结构，双声、叠韵、叠音等语音形式，都具有很强的节奏感和韵律感，形成了普通话所特有的音乐风格。

(四)语义分明，亲切自然

北京语音在口头运用中，有鲜明的轻重音和"儿化韵"等变化，使词语分隔清楚，感情自然流露，语音柔和、细腻、亲切，表达更加准确而丰富。

需要注意的是，普通话和北京语音不能画等号。普通话是规范化的国家通用语，而北京语音是一种方言，在北京地区使用，为这一地区的人所熟悉和接受。

四、普通话和方言的关系

推广普通话是我国的一项重要方针政策，是根据国家、社会的实际情况和需要而确定的。长期以来，我国推广普通话一直采取积极而稳妥的方针，在政策上与实际工作中一再申明，推广普通话，但不消灭方言。推广普通话是为了克服语言障碍，消除方言隔阂，有利于社会交际，让人们在使用方言的同时，还要会说全国通用的普通话，并不要求人们在所有场合都讲普通话，只是在一些正式场合，如学校、机关、服务场所等讲普通话。因此，推广普通话不是为了消灭方言。方言有其自身的存在价值和使用价值，将在特定地区和一定领域内长期存在，并发挥其作用，为各地人民群众服务。

《国家通用语言文字法》第 16 条规定了可以使用方言的情形，包括公务、播音、艺术、出版、教学、研究等领域中的一些情形，范围广泛。至于方言区公民的个人交谈，属于公民的语言权利，不在《国家通用语言文字法》调整的范围之内，国家不予干涉。实际上，国家几十年来一直从多方面保护方言，对各种方言落实扶持政策，如进行大规模的方言普查，开办方言广播影视节目，在公务活动中必要时使用方言，不断发掘和培育地方戏剧、曲艺，支持申报非物质文化遗产，等等。这些措施为方言提供了广阔的发展空间。

从语言发展来讲，语言生活始终是主体性与多样性相结合的状态，这既是客观现实，也是国家政策的要求。

欣赏并朗读

请大声朗读下面关于教师语言的经典语句，并体会其中的内涵。

1. 善于说话不是一件简单的事。有思想，有丰富的知识，有敏捷而缜密的思维能力，有丰富的语言材料的储备，有敏捷的驾驭语言的能力，有丰富的社会经验，知道在什么样的场合用什么样的语言是得体的、效果是最好的、有力量的，等等。这是善于说话要具备的条件。至于听感灵敏、发言清晰、能说正确的标准语等基本功，更是不在话下。

2. 从某种意义上说，讲课是一种科学演说，教学是一门表演艺术……一个好的教师要像演员那样，上了台就要"进入角色""尽情投入"。一方面要用自己的话把书本上的东西讲出来；另一方面可以加入适量的手势和眼神交流，进行一场具有感染力的演讲。这样，学生们就会被你的眼色和神情所吸引，不知不觉地进入探索科学奥秘的意境中来。

3. 教师的语言，是不可取代的感化学生心灵的一种手段。教育的艺术首先应当包括说话的艺术——跟人的心灵打交道的艺术。我坚信，学校里酿成大乱子的许多冲突，都存在教师不善于跟学生谈话这个根源。

4. 每天都在和学生进行言语交流活动的教师，其言语若条理不清、逻辑不明，则势必会阻碍学生思维和言语的发展，而教师具有逻辑性的言语能帮助学生厘清思路，学生听得明白、记得清楚，从而推动学生思维向抽象逻辑方向发展。

5. 教师的语言要工于达意。教师在课堂上讲课，直接诉诸学生的理智与心灵。且不说大段的讲解，要分析得清楚、透彻，也不说三言两语的概述须简明、清晰，就是一个提问、一句铺垫、一句过渡也要认真推敲，把意思说得明明白白。

6. 教师的语言要善于激趣，巧语启智。要用新鲜、优美、风趣的语言步步引导，激发学生的求知兴趣，带领他们不断进入求知新领域。教师的语言要善于传情，语言不是无情物，情是教育的根。教师的语言更应该饱含深情，带着感情教，满怀深情说，所教的课、所讲的道理就能在学生中引起共鸣，而使师生心心相印。

7. 语言不是蜜，但可以粘东西。教师的语言虽然不是蜜，但可以牢牢吸引学生的注意力，引导他们在知识的海洋中扬帆远航，引导他们追求生活的真谛，奋然前行。

第二节　语音的基础知识

一、语音的性质

语音是人的发音器官发出的、负载语义内容、能表达一定意义的声音。语音是语言的物质外壳，是语言交际功能得以实现的物质手段。

语音和自然界的其他声音一样，都是由物体振动而产生的，具有物理属性；语音又是人的发音器官活动的产物，因而具有生理属性；语音要体现语言的交际功能，必须和语义相结合，而这种结合是社会成员约定俗成的结果，所以语音又具有社会属性。

语音的性质，具体体现在以下三个方面。

(一)语音的物理属性——发声的物理基础

语音和自然界的其他声音都具有物理属性。物体受到外力的作用，发生振动，激荡空气，形成音波，波及耳鼓(鼓膜)后刺激人的听觉神经，从而产生听感。从声学的角度来看，语音具有音高、音强、音长、音色四个要素。

1. 音高

音高，声音的高低，即音调。它是由发音体振动的频率决定的。振动频率快，声音高；振动频率慢，声音低。而发音体振动次数的多少和发音体的宽窄、粗细、厚薄、长短有关。语音的发音体是声带，不同的人，声带的长短和厚薄是不一样的。大体上说，男人的声带长而厚，发出的声音低；女人和小孩的声带短而薄，发出的声音高。人类具有调节声带松紧的能力：声带拉紧一些，声音就高；声带放松一些，声音就低。

在普通话语音中，音高同声调、语调密切相关。一个音节的声调是由音高变化形成的，声调在汉语中有区别意义的作用。同样一句话，读音高低的变化会产生不同的句调，即语调。

2. 音强

音强，指声音的强弱，即音量。它是由发音体振动幅度（振幅）的大小决定的。振幅与发音时用力的大小有关。语音的强弱是由发音时气流冲击声带力量的强弱决定的。

在普通话语音中，音强的作用主要是构成轻音、重音。例如，"莲子"和"帘子"意义不同，是由于"帘子"的第二个音节是轻声，用力轻，音强弱；而"莲子"的第二个音节是重读，用力大，音强强。重音在句中出现的位置不同，语义表达的侧重点就有差别，如"春天到了"，重音可以放在"春天"上，也可以放在"到"上，但表达的效果是不同的，这种差别是依靠重音来体现的。

3. 音长

音长，指声音的长短。它是由发音体振动持续时间的长短决定的。普通话语音里的轻声词是声调的音变，发音时声音轻、短。另外，音长还可以表达不同的情态、语气、语速。比如，"啊"的声音，表示应答时音长较短，表示强烈感情或沉吟思索时音长较长。普通话里不同的音长，往往表示不同的语气和情态。

4. 音色

音色，指声音的特色。它取决于音波的振动形式的不同。音色是声音的个性，是一种声音区别于另一种声音的基本特征，所以音色又叫音质。造成音色不同的因素有三种，即发音体、发音方法、共鸣腔的形状。例如，钢琴和小提琴的音色不同，是由发音体不同导致的；小提琴和二胡的音色不同，是由共鸣腔不同导致的。语音的音色和一个人的生理条件（如声带、各共鸣腔体等）的不同有很大关系。

（二）语音的生理属性——发声的生理基础

语音是由人的发音器官发出的，发音器官的活动可以产生多种不同的声音。一般来说，人的发音器官可以分成四部分：动力器官、发音器官、共鸣器官和咬字器官。

1. 动力器官

语音的动力器官是呼吸系统，主要包括肺和气管。肺是为发音提供原动力的"风箱"。呼气和吸气主要是由胸腔肌、腹肌和横膈膜控制的，呼出的气流经过支气管、气管到达喉头，在喉部引起声带振动，从而产生声音。

2. 发音器官

语音的发音器官主要是指喉头内的声带。喉头由多块软骨和连接它们的肌肉组织构成，是一个圆筒形的小空腔。声带就在喉头的中间，是两片有弹性的薄膜。声带是为语音提供主要声源的发音体，喉头的作用是保护和控制声带。

3. 共鸣器官

语音的共鸣器官主要是指喉腔、咽腔、口腔和鼻腔。虽然动力器官和发音器官解决了发音的问题，但是气流使声带振动而发出的声音只是很小的嗡嗡声。不同的共鸣腔体就像不同的音箱，不仅提高了音量，而且美化了音色。

4. 咬字器官

口腔是各种音素的主要"制造工厂"，人们能够发出各种不同的声音，主要依赖于舌头的活动和口腔的变化。

口腔的最外面是上下唇，与唇紧挨着的是上下齿、齿龈。口腔的最上面是上腭。上腭分为硬腭和软腭两部分。软腭的活动控制气流通道，软腭的后端有一个小肉球叫小舌。口腔的下部最重要的是舌头，它是发音的"主力军"。舌头分为舌尖、舌叶、舌面、舌根四部分。舌头在口腔里的活动及和其他部位的接触，气流受到节制或阻碍，从而发出各种不同的声音。口腔中的唇、齿、舌、腭等器官在发声中起着举足轻重的作用，被称为语音的咬字器官。口腔是语音的"制造场"。口腔的上面是鼻腔，鼻腔是鼻音的共鸣器。发鼻音时软腭下降，气流从鼻腔和口腔同时流出，若要发出不同的鼻音，则必须有口腔参与活动。口腔发音器官示意图如图1-1所示。

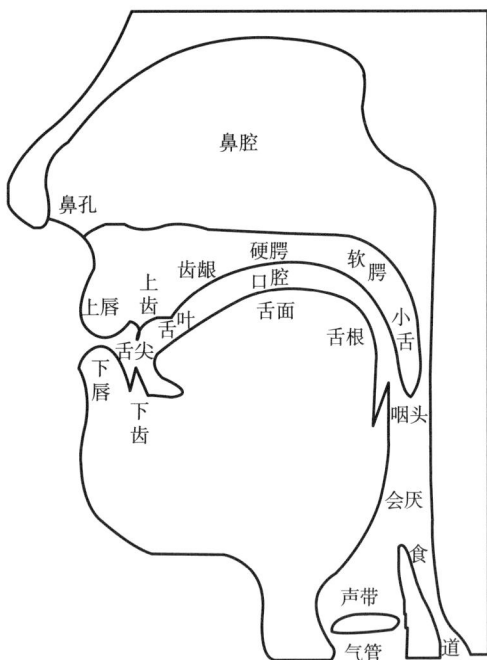

图1-1 口腔发音器官示意图

(三)语音的社会属性——发声的心理基础

语言是一种交际工具，具有社会属性，是语音区别于其他声音的重要标志。语音是语言的物质外壳，能表达一定意义的声音。社会属性是语音的本质属性，一是表现为音义结合的任意性，一种语言或方言用什么语音表达什么意义是由社会约定俗成的。语音传递意义的功能是社会赋予的。二是表现为各种语言都有自己独特的语音系统。比如，n和l两个声母在普通话中能区别意义，"男制服"和"蓝制服"的语音不同，就是因为两个声母的发音有差别。而在有些方言区，如南京人对n和l两个声母的发音是不分的，不能区别意义，而且听感上同样不能分辨。不同区域的人可以用不同的声音形式表达同样的内容，如汉语中"水"读"shuǐ"，英语国家读"water"，运城话读"fu"，清徐话读"xu"。语音的区域性正是语音的社会属性的一个明显特征。

二、语音的基本概念

(一)音节

音节，语音的自然结构单位，是从听觉上自然感觉到的、最容易分辨出来的最小的语音单位。音节在汉语结构中占有非常重要的地位。人在发音时肌肉明显地紧张一次，就形成一个音节。比如，"飘"(piāo)和"皮袄"(pí'ǎo)，除声调外，其他构成是一样的。我们一听就知道"飘"是一个音节，而"皮袄"是两个音节，是因为发"飘"时，发音器官的肌肉紧张了一次，而发"皮袄"时，发音器官的肌肉紧张了两次。一般来说，在汉语中，一个汉字就是一个音节，只有"儿化"的写法与实际的读音不同，比如"花儿"(huār)是一个音节，却用两个汉字表示。

(二)音素

音素，语音的最小单位，从音色的角度对音节的构成进行分析，得出的是音素。普通话语音有32个音素，把音素拼合起来就成为音节。一个音节可以由1～4个音素构成。比如，啊ā—哈hā—花huā—欢huān—慌huāng。要注意区别音素和字母的不同，音素是最小的发音单位，字母是音素的书写符号。一个字母既可以表示一个音素，也可以表示几个音素，如"mi""zhi""zi"中的字母i，可以在汉语音节中表示三个不同的音素；还有两个字母表示一个音素的，如"zh""ch""sh""ng"。

按照性质的不同，音素可以分为元音和辅音两类。

1. 元音

元音，是发音时气流振动声带，在口腔或咽头没有受到发音器官的任何阻碍，只受口腔的调节而形成的音素。元音发音响亮、清晰，气流较弱。普通话语音中共有 10 个元音，主要充当韵母，保证字音的清晰。

2. 辅音

辅音，是发音时气流在口腔或咽头受到一定的阻碍而形成的音素。发辅音时，气流在口腔里明显受阻，气流必须突破、冲过或回避所遇到的各种阻碍，为了冲破阻碍，呼出的气流较强。发音器官用力不均衡，有时声带振动（浊辅音），有时声带不振动（清辅音），而且振动声带的浊辅音在普通话中是极少数的，声音不如元音响亮。

（三）声母、韵母和声调

1. 声母

声母，是一个音节开头部分的辅音，普通话语音共有 21 个辅音声母。虽然声母主要由辅音充当，但声母和辅音并不相等。辅音除了可充当声母，还可以充当韵母中的韵尾，如 n；有的辅音永远不能充当声母，只能充当韵尾，如 ng；有的音节的开头没有辅音声母，我们称之为零声母音节。

2. 韵母

韵母，一个音节中声母后边的所有部分。韵母可以由 1 个元音充当，也可以由 2 个或 3 个元音结合而成。有些韵母由元音加辅音韵尾组成，韵母中不能缺少元音，韵母可以独立自成音节。

3. 声调

声调，贯穿整个音节的音高变化形式，即音节读音的高低升降的变化形式。汉语是有声调的语言。汉语的声调有区别意义的作用。汉语普通话的音节有四个声调：阴平、阳平、上声、去声。

三、记音符号

为了把语音记录在书面上，人们采用过许多种记音符号和方案。当前，国际上通用的记音符号是国际音标。我们记录汉语普通话语音常用的是《汉语拼音方案》。

（一）国际音标

国际音标是国际语音协会制定的用来标记语音的一种符号体系，从 1888 年公布以来，曾多次修改。国际音标遵循"一个符号只表示一个音素，一个音素只用一个符号来表示"的原则。国际音标的标音精细，共有100多个符号。国际音标的形体以拉丁字母的小写印刷体为基础形式，如[a]、[b]；还采用一些字母的大写、倒写、连写或添加附加符号等，如[A]；还借用了希腊字母，如[φ]、[ð]。国际音标可以用来标写任何民族语言和方言的语音，是国际上语言工作者共同使用的记音符号。我国的语音工作者在进行语音研究以及人们在学习外语时，常常使用这套音标作为记音、注音的工具。

用国际音标记录语音有两种记音方法：一种是严式标音法，另一种是宽式标音法。所谓严式标音法，就是出现什么音素就记录什么音素，有什么伴随现象就记录什么伴随现象，也就是忠实、细致地记录语音的原貌。所以，严式标音法又被称为"音素标音法"。例如，在现代汉语中，较低的舌面元音可归纳为一个音位/a/，若用严式标音法，则必须分别标为[ε]、[A]、[a]、[ɑ]、[œ]、[æ]等。它的特点就是，对一种语言或方言中实际存在的每一个音素（不论它们是否属于同一个音位），都用特定的音标加以标记。因此，严式标音法使用的音标很多，对语音的刻画描写很细致，大多在调查第一手材料时使用，在其他场合只是间或使用。严式标音法用方括号表示。所谓宽式标音法，就是在严式标音法的基础上，整理出一种语音的音位系统，然后按音位来标记语音，也就是只记音位，不记音位变体及其他非本质的伴随现象。因此，宽式标音法又被称为"音位标音法"。例如，在现代汉语中，舌面低元音有[ε]、[A]、[a]、[ɑ]等多个变体，用宽式标音法只用/a/就可以了。用宽式标音法可以把音标数目限制在有限的范围内，因而能把一种语言或方言的音系反映得简明清晰。宽式标音法用斜杠表示。

(二)《汉语拼音方案》

1958年2月，第一届全国人民代表大会第五次会议批准公布了采用26个拉丁字母记录现代汉语普通话语音系统的《汉语拼音方案》。该方案分为字母表、声母表、韵母表、声调符号、隔音符号五部分。这个方案是根据现代汉语普通话语音系统的特点制定的，字母少，拼写规则简单，易学好用，现已普遍用于全国中小学语文教学、普通话推广和外国人汉语学习中。汉语拼音不仅可以用于字典、词典的注音，各种产品的型号标记，辞书和百科全书的条目排列顺序，书刊的索引、视觉通信、无线电报和聋人的手指字母；还可以用来为汉字输入电子计算机编制各种程序符号；等等。

《汉语拼音方案》中的声母、韵母和声调就是普通话的语音系统。它简单地使用26个国际通用的拉丁字母，根据普通话语音的结构规律分别列出了声母表、韵母表，还采用一些简单的符号全面描述普通话的语音系统及书写规律。人们不仅把它作为记音的工具，而且在遇到不认识的汉字、不明白汉字的意义时，可以借助汉语拼音的方法查找汉字的意义。

1982 年，国际标准化组织决定采用汉语拼音字母作为拼写汉语的国际标准，中国对外书报文件和出国护照中的汉语人名、地名一律用汉语拼音字母书写。《国家通用语言文字法》第 18 条对《汉语拼音方案》的使用再次作了明确的规定，国家通用语言文字以《汉语拼音方案》为拼写和注音工具。《汉语拼音方案》是中国人名、地名和中文文献罗马字母拼写法的统一规范，并用于汉字不便或不能使用的领域。

为了在实际中更科学地使用汉语拼音，1996 年 1 月经国家技术监督局批准，《汉语拼音正词法基本规则》成为中华人民共和国国家标准，它规定了汉语拼音应用中的具体规则。社会各方面，如出版物、影视屏幕、地名交通标识、商标、招牌、广告、人名拼写、单位名称等，凡是需要用到汉语拼音的地方，都应该遵循《汉语拼音正词法基本规则》。

欣赏并朗读

下面是历届中央电视台《感动中国》人物中对部分教师的颁奖词（略作改动），大家可以模仿主持人的口吻，有感情地朗读。同时，通过颁奖词，大家可以了解这些优秀教师的先进事迹，以他们为榜样，学习他们关爱学生、奉献教育的精神。

2004 年——徐本禹：大山深处孤身支教

如果眼泪是一种财富，徐本禹就是一个富有的人。在过去的一年里，他让我们泪流满面。他从繁华的城市，走进大山深处，用一个刚刚毕业的大学生稚嫩的肩膀，扛住了倾颓的教室，扛住了贫穷和孤独，扛起了本来不属于他的责任。也许一个人的力量还不能让孩子的眼睛铺满阳光。爱，被期待着。徐本禹点亮了火把，刺痛了我们的眼睛。

2008 年——李桂林、陆建芬：烛照深山（悬崖小学的支教夫妻）

在最崎岖的山路上点燃知识的火把，在最寂寞的悬崖边拉起孩子们求学的小手，19 年的清贫、坚守和操劳，沉淀为精神的沃土，让希望发芽。

2011 年——胡忠、谢晓君：高义薄云（坚守藏区 12 年支教）

他们带上年幼的孩子，是为了更多的孩子。他们放下苍老的父母，是为了成为最好的父母。不是绝情，是极致的深情；不是冲动，是不悔的抉择。他们是高原上怒放的并蒂雪莲。

2012 年——张丽莉：冰雪为容玉作胎（最美女教师）

别哭，孩子，那是你们人生最美的一课。你们的老师，她失去了双腿，却给自己插上了翅膀；她大你们不多，却让我们学会了许多。都说人生没有彩排，可即便再面对那一刻，这也是她不变的选择。

2012 年——高淑珍：爝火燃回春浩浩（守护"炕头课堂"十四载）

粗糙的手，支起课桌；宽厚的背，挡住风雨。有了爱，小院里的孩子一天天茁壮起来。你的心和泥土一样质朴。你撒下辛苦的种子，善良会生长成参天大树。

2015 年——莫振高：化作光明烛（鞠躬尽瘁的"化缘校长"）

千万里，他们从天南地北回来为你送行。你走了，你没有离开。教书、家访、化缘，埋头苦干，拼命硬干。你是不灭的蜡烛，是不倒的脊梁。那一夜，孩子们熄灭了校园所有的灯，而你在天上熠熠闪亮。

2016 年——郭小平：暖带入春风（创建国内唯一一所艾滋病患儿学校）

瘦弱的孩子需要关爱，这间病房改成的教室是温暖的避难所。你用 12 年艰辛，呵护孩子，也融化人心，郭校长，你是风雨中张开羽翼的强者！

2016 年——支月英：芳兰振蕙叶（扎根乡村 36 年的最美教师）

你跋涉了许多路，总是围绕大山；吃了许多苦，但给孩子们的都是甜。坚守才有希望，这是你的信念。36 年，绚烂了两代人的童年，花白了你的麻花辫。

2017 年——卢永根：天意怜幽草，人间重晚晴（深扎在泥土中的护花春泥）

种得桃李满天下，心唯大我育青禾。是春风，是春蚕，更化作护花的春泥。热爱祖国，你要把自己燃烧。稻谷有根，深扎在泥土；你也有根，扎根在人们心里。

2018 年——钟扬：立心天地厚（扎根大地的人民科学家）

超越海拔 6 000 米，抵达植物生长的最高极限。跋涉 16 年，把论文写满高原。倒下的时候双肩包里藏着你的初心、誓言和未了的心愿，你热爱的藏波罗花，不求雕梁画栋，只绽放在高山砾石之间。

2018 年——张玉滚：风雪担书梦（担起乡村未来的"80 后"教师）

扁担窄窄，挑起山乡的未来；板凳宽宽，稳住孩子的心。前一秒劈柴生火，下一秒执鞭上课。艰难斑驳了岁月，风霜刻深了皱纹，有人看到你的沧桑，更多人看到你年轻的心。

2020 年——张桂梅：素心托高洁（创建全国唯一一所公办免费女子高中）

烂漫的山花中，我们发现你。自然击你以风雪，你报之以歌唱。命运置你于危崖，你馈人间以芬芳。不惧碾作尘，无意苦争春，以怒放的生命，向世界表达倔强。你是崖畔的桂，雪中的梅。

2020年——叶嘉莹：蕴玉抱清辉（一生致力于中国古典诗词教育和传播）

桃李天下，传承一家。你发掘诗歌的秘密，人们感发于你的传奇。转蓬万里，情牵华夏，续易安灯火，得唐宋薪传，继静安绝学，贯中西文脉。你是诗词的女儿，你是风雅的先生。

2022年——邓小岚：幽谷兰香远（因为持守而变得美丽）

你把自己留给一座小小山村，你把山村的孩子们送上最绚丽的舞台。你在这里出生，也在这里离开。山花烂漫，杨柳依依，为什么孩子的歌声如此动人？因为你对这片土地爱得深沉。

2023年——刘玲琍（帮助听障孩子实现梦想的特殊教育学校教师）

眼耳鼻舌身意，色香声味触法，用尽所有，为生命解锁。她从命运那里夺回一副又一副翅膀，带领孩子们飞离寂静的牢笼。听，每一个新的发音，都打开一个新的世界。

第三节　普通话声母

一、声母的发音

声母是指汉语音节开头的辅音。大部分的声母（零声母除外）都是由辅音充当的，辅音是气流在口腔受到阻碍而发出来的。受到阻碍的位置不同，发出来的声音就不同；受阻的方法不同，发出的声音也就不同。学习声母的发音其实就是学习辅音的发音。普通话有21个辅音声母，下面从发音部位和发音方法两个方面进行分析。

（一）发音部位

声母的发音部位是指气流在口腔中受到阻碍的位置。比如，发 b、p、m 时，是上下唇形成阻碍发出来的，所以它们被叫作双唇音；发 j、q、x 时，是舌面前部与硬腭前端形成阻碍发出来的，所以它们被叫作舌面前音。根据不同的受阻位置，可以把21个辅音声母按照发音部位分为7种类型，见表1-1。

表1-1　声母的发音部位

类别	声母	发音部位
双唇音	b、p、m	上唇与下唇中部形成阻碍
唇齿音	f	上齿与下唇内侧形成阻碍

类别	声母	发音部位
舌尖前音	z、c、s	舌尖与上齿背形成阻碍
舌尖中音	d、t、n、l	舌尖与上齿龈形成阻碍
舌尖后音	zh、ch、sh、r	舌尖与硬腭前端形成阻碍
舌面前音	j、q、x	舌面前部与硬腭前部形成阻碍
舌面后音（舌根音）	g、k、h	舌面后部与软腭后部形成阻碍

（二）发音方法

声母的发音方法是指气流在口腔里受到阻碍和克服阻碍的方式。辅音声母的发音方法包括发音时形成阻碍与消除阻碍的方式、气流的强弱和声带是否振动三个方面。

1. 形成阻碍与消除阻碍的方式

普通话的 21 个声母，根据形成阻碍与消除阻碍的方式的不同，可以分为以下 5 种类型。

（1）塞音：成阻时，形成阻碍的发音器官两部分完全闭合；持阻时，保持这种状态，阻塞住气流；除阻时，气流冲破阻塞，阻塞部位突然打开，气流冲击，爆发成声。所以塞音也叫破裂音或爆破音。普通话共有 6 个塞音声母，分别是 b、p、d、t、g、k。

（2）擦音：成阻时，形成阻碍的发音器官两部分接近，形成一条缝隙；持阻时，气流从缝隙中挤出，摩擦成声；除阻时，发音结束。所以，擦音也叫摩擦音。普通话共有 6 个擦音声母，分别是 f、s、sh、r、x、h。

（3）塞擦音：成阻时，形成阻碍的发音器官两部分完全闭合；持阻时，继续保持阻塞；除阻时，气流先冲破阻碍，但没有完全冲破，同时成阻部位稍稍放松，微微打开一条缝隙，气流从缝隙中挤出，摩擦成声。这样发出的音，既有塞音的特点又有擦音的特点，所以叫塞擦音。普通话共有 6 个塞擦音声母，分别是 z、c、zh、ch、j、q。

（4）鼻音：成阻时，形成阻碍的发音器官两部分闭合构成阻塞，气流从口腔出不去，于是改变方向，软腭下降，打开鼻腔通道，使气流从鼻腔通过而成声，同时声带振动。普通话有 3 个鼻音辅音，分别是 m、n、ng，但充当声母的鼻音只有 m 和 n，ng只作韵尾，不作声母。

（5）边音：成阻时，舌尖和上齿龈接触，阻塞口腔的通道，发音时，气流从舌头两边流出而成声，同时声带振动。普通话里只有一个边音 l。

2. 气流的强弱

发辅音声母时，除阻的气流有强弱的不同，根据这一点，可以把声母的塞音和塞擦音分为送气音和不送气音两类。

(1)送气音：发音时，呼出的气流比较强。普通话声母的送气音有 6 个，分别是 p、t、k、q、ch、c。

(2)不送气音：发音时，呼出的气流相对较弱。普通话声母的不送气音有 6 个，分别是 b、d、g、j、zh、z。

普通话的送气音和不送气音是成对的，比如：b—p、d—t、g—k、j—q、zh—ch、z—c。

3. 声带是否振动

语音学上根据声带是否振动，把声母辅音分成清音和浊音两大类。

(1)清音：发音时，声带不振动的音。在普通话的 21 个辅音声母中，清辅音有 17 个，分别是 b、p、d、t、g、k、f、h、j、q、x、zh、ch、sh、z、c、s。

(2)浊音：发音时，声带振动的音。普通话里典型的浊辅音有 4 个，分别是 m、n、r、l。

综合以上普通话声母的 7 种发音部位和 3 种发音方法，普通话声母的发音情况可以用表 1-2 概括。

表 1-2　普通话声母的发音情况

发音部位	发音方法							
	塞音		塞擦音		擦音		鼻音	边音
	清音		清音		清音	浊音	浊音	浊音
	不送气音	送气音	不送气音	送气音				
双唇音	b 标兵	p 批评					m 美妙	
唇齿音					f 丰富			
舌尖中音	d 电灯	t 团体					n 牛奶	l 理论
舌面后音	g 改革	k 开垦			h 欢呼			
舌面前音			j 奖金	q 气球	x 学习			
舌尖前音			z 总则	c 粗糙	s 松散			
舌尖后音			zh 周转	ch 长城	sh 山水	r 柔软		

除了上面的 21 个辅音声母，普通话里还有零声母，即不用辅音开头的音节，如"安""恩""欧"等，这些没有辅音声母的音节叫作零声母音节。以"i""u""ü"开头的音节也叫零声母音节，如"烟""弯""渊""央""夜"等，它们开头的 y、w 并不是真正的辅音，而是起隔音作用的字母，发音时带有轻微摩擦，属于半元音。零声母也是一种声母。

下面以发音部位为序，具体介绍21个辅音声母的发音。

①b——双唇、不送气、清、塞音。

双唇紧闭形成阻碍，软腭上升，堵塞鼻腔通道，气流到达双唇时蓄气，最后气流冲破紧闭的双唇，迸裂而出，爆发成声。冲出的气流比较弱，声带不振动。

②p——双唇、送气、清、塞音。

发音情况和b大体相同，只是冲出的气流较强。

③m——双唇、浊、鼻音。

双唇紧闭形成阻碍，软腭下降，打开鼻腔通道，气流振动声带后冲击口腔受阻，转从鼻腔呼出成声。

④f——唇齿、清、擦音。

上齿靠近下唇内侧形成一个狭窄的缝隙，软腭上升，堵塞鼻腔通道，气流从唇齿间的缝隙中挤出，摩擦成声。声带不振动。

⑤z——舌尖前、不送气、清、塞擦音。

舌尖抵住上齿背形成阻碍，软腭上升，堵塞鼻腔通道，发音时，舌尖向下闪出一条窄缝，气流从缝中挤出，摩擦成声。冲出的气流较弱，声带不振动。

⑥c——舌尖前、送气、清、塞擦音。

发音情况和z大体相同，只是冲出的气流较强。

⑦s——舌尖前、清、擦音。

舌尖靠近上齿背形成一条狭窄的缝隙，软腭上升，堵塞鼻腔通道，气流从缝隙中挤出，摩擦成声。声带不振动。

⑧d——舌尖中、不送气、清、塞音。

舌尖抵住上齿龈形成阻碍，软腭上升，堵塞鼻腔通道，气流在舌与硬腭之间蓄气，最后气流冲破阻塞的舌尖，迸裂而出，爆发成声。冲出的气流较弱，声带不振动。

⑨t——舌尖中、送气、清、塞音。

发音情况和d大体相同，只是冲出的气流较强。

⑩n——舌尖中、浊、鼻音。

舌尖抵住上齿龈形成阻碍，软腭下降，打开鼻腔通道，气流冲击口腔受阻，转从鼻腔呼出成声。声带振动。

⑪l——舌尖中、浊、边音。

舌尖抵住上齿龈形成阻碍，软腭上升，堵塞鼻腔通道，气流进入口腔从舌前两边或一边通过，发音成声。声带振动。

⑫zh——舌尖后、不送气、清、塞擦音。

舌尖翘起抵住硬腭前端形成阻碍，软腭上升，堵塞鼻腔通道，发音时，舌尖微微弹开一条小缝，气流从缝中挤出，摩擦成声。冲出的气流较弱，声带不振动。

⑬ch——舌尖后、送气、清、塞擦音。

发音情况和 zh 大体相同，只是冲出的气流较强。

⑭sh——舌尖后、清、擦音。

舌尖翘起靠近硬腭前部形成一条狭窄的缝隙，软腭上升，堵塞鼻腔通道，气流从缝隙中挤出，摩擦成声。声带不振动。

⑮ r——舌尖后、浊、擦音。

舌尖翘起靠近硬腭前部形成一条狭窄的缝隙，软腭上升，堵塞鼻腔通道，气流从缝隙中挤出，摩擦成声。声带振动。

⑯j——舌面前、不送气、清、塞擦音。

舌面前部与硬腭前部形成阻碍，软腭上升，堵住鼻腔通道，发音时，舌面向下闪出一条窄缝，气流从缝中挤出，摩擦成声。冲出的气流较弱，声带不振动。

⑰q——舌面前、送气、清、塞擦音。

发音情况和 j 大体相同，只是冲出的气流较强。

⑱x——舌面前、清、擦音。

舌面前抬起靠近硬腭前部形成一条狭窄的缝隙，软腭上升，堵塞鼻腔通道，气流从缝隙中挤出，摩擦成声。声带不振动。

⑲g——舌面后、不送气、清、塞音。

舌根抬起抵住软硬腭交界处形成阻碍，软腭上升，堵塞鼻腔通道，气流在阻碍处蓄气，最后冲破阻塞，迸裂而出，爆发成声。冲出的气流较弱，声带不振动。

⑳k——舌面后、送气、清、塞音。

发音情况和 g 大体相同，只是冲出的气流较强。

㉑h——舌面后、清、擦音。

舌根抬起靠近软硬腭交界处形成狭窄的缝隙，软腭上升，堵塞鼻腔通道，气流从缝隙中挤出，摩擦成声。声带不振动。

下面是两首声母诗。

采桑

近现代·周有光

春日起每早，采桑惊啼鸟。

风过扑鼻香，花开落，知多少。

早梅

明·兰茂

东风破早梅，向暖一枝开。

冰雪无人见，春从天上来。

二、声母发音的重点和难点

各个方言的声韵调系统和普通话不尽相同，因此在学习普通话声母的过程中，首先要了解自己所在地区方言与普通话中声母的对应关系，辨别二者之间的差异，再进行针对性的训练。这样可以突出重点，更快地学会普通话。

学习普通话声母需要解决两个问题：一是发音问题，二是辨字问题。

(1)发音问题是指要发准普通话里有而方言中没有的声母。例如，普通话里有舌尖后音声母 zh、ch、sh 和舌尖前音声母 z、c、s，而许多方言只有舌尖前音，没有舌尖后音；又如普通话里有舌尖中鼻音 n 和舌尖中边音 l，而有些方言却只有 l，没有 n。这就要求这些方言区的人要学会发准舌尖后音 zh、ch、sh 和舌尖中鼻音 n。要发准某一个声母，既要掌握它的发音部位，又要掌握它的发音方法。舌尖前音和舌尖后音的区别在于发音部位不同，而 n、l 的区别在于发音方法不同，这两个声母都是舌尖中音，但一个是鼻音，一个是边音。

(2)辨字问题是指要搞清楚哪些字属于哪一类声母。有些人的发音没有问题，若读有拼音标注的音节，则完全会读，但在朗读、说话中遇到没有拼音标注的音节就会读错，所以辨字很重要。

下面将具体分析一些容易出现混淆错误的声母，并从发音和辨字两个方面提供纠正方法。

(一)分辨舌尖前音z、c、s和舌尖后音zh、ch、sh

在普通话中，舌尖前音 z、c、s 发音时要把舌尖平抵在上齿背，所以也叫平舌音；舌尖后音 zh、ch、sh 是舌尖翘起抵在硬腭前端，所以也叫翘舌音。这两类声母的差异明显。无论在南方还是在北方，很多方言区都存在平翘舌音声母不分的问题，因此，这是许多人学习普通话的一大难点。有些方言把这两类声母都读成平舌音，有些方言把这两类声母都读成翘舌音。许多方言中没有翘舌音声母，如南方的吴方言、闽方言、粤方言、客家方言。这些方言区的人常常把应读成翘舌音的音节读成平舌音，出现这种错误的情况也比较普遍。因此，分辨清楚这两类声母并把它们读准就非常重要。

练习平舌音和翘舌音时，一是要掌握发音要领。这两组声母的主要区别在于发音部位不同。发 z、c、s 时，门齿对齐，嘴不要张开，舌尖向前平伸，抵住或接近上门齿，发音结束时舌尖靠在下齿背。发 zh、ch、sh 时，舌尖向上向后微微翘起与硬腭前端接触，嘴微开，如果照镜子，可以看到舌尖翘起后的底面。

二是要掌握辨字的方法。在 3 000 多个常用汉字中，声母是平翘舌音的字有近 900 个，其中平舌音字少，翘舌音字多。在平翘舌音不分的地区中，翘舌音更多地被读成平舌音。所以，在掌握平翘舌音发音要领的基础上，必须学会辨字。这里给大家提供几种分辨平翘舌音字的方法。

1. 利用形声字的声旁进行类推

汉字中有大约 90% 是形声字。形声字由两部分组成，一部分表示意义，叫形旁；一部分表示读音，叫声旁。如"株"字，左边的"木"表示与树木有关，是形旁，右边的"朱"表示"株"的读音，是声旁。由"朱"这个声旁构成的字有"珠""诛""洙""铢""蛛""茱"等，它们的声旁相同，声母也相同。我们可以利用形声字的这一特点来辨别并记忆一些属于同一声母或同一韵母的字。

尽管利用形声字的声旁类推的方法可以记住不少平翘舌音的字，但也有一些例外。如"串"读翘舌音"chuàn"，而"窜"读平舌音"cuàn"；"才"读"cái"，而"豺"读"chái"；"叟"读"sǒu"，而"瘦"读"shòu"；等等。为了保证类推准确，可以用最有代表性的翘舌音字编成的口诀来类推，如"少者周中尚，壮者朱召昌，长者章主丈"，口诀中的 13 个字的声母都是翘舌音，用这 13 个字作声旁构成的 100 多个形声字，声母都是翘舌音。

2. 利用声韵拼合规律来分辨

规律一：ua、uai、uang 三个韵母只能跟舌尖后音 zh、ch、sh 相拼，绝不能跟舌尖前音 z、c、s 相拼。因此，"抓""刷""耍""揣""踹""拽""帅""装""妆""撞""床""爽"等字就可以放心地读翘舌音了。

规律二：韵母 ong 不能跟翘舌音 sh 相拼，但可以与平舌音 s 相拼。如"送""宋""松""诵""颂"等字都要读平舌音。

3. 利用记少不记多的方法来记忆

普通话里读平翘舌音的字共 900 多个，其中平舌音的字只有 200 多个。同样的韵母在和平翘舌音声母相拼时，和平舌音声母相拼的字较少，和翘舌音声母相拼的字较多。在以"a、e、ou、en、eng、ang"为韵母的字里，平舌音字很少，翘舌音字较多。例如，韵母"ou"，平舌音"c"声母字只有一个"凑"，其余如"抽""丑""愁""臭"等都读翘舌音声母"ch"；再如韵母"en"常用的平舌音字只有"怎""参""岑""森"几个字，如"真""贞""枕""陈""沉""晨""深""身""沈"等100多个字都读翘舌音。我们只记少的字，多的字也就能分辨了。利用这一特点，我们可以记住一大批平翘舌音的字。

[语音训练]

一、读准下列词语。

1. zh—z。

沼泽　指责　种族　著作　追踪　准则　正在　筑造　重灾
正宗　治罪　主宰　壮族　振作　知足　装载　至尊　张嘴

2. z—zh。

杂志　组织　增值　遵照　宗旨　栽种　赞助　奏章　罪状
自传　阻止　诅咒　总之　罪证　增长　自制　自主　载重

3. ch—c。

出彩　车次　冲刺　除草　储藏　船舱　春蚕　尺寸　唱词
差错　场次　纯粹　穿刺　楚辞　揣测　蠢材　炒菜　成才

4. c—ch。

财产　操场　残喘　促成　彩车　辞呈　粗茶　磁场　蚕虫
裁处　餐车　操持　采茶　痤疮　仓储　错处　彩绸　擦车

5. sh—s。

深思　申诉　时速　疏散　上司　哨所　神色　失算　疏松
生死　世俗　守岁　收缩　胜诉　绳索　失散　输送　失色

6. s—sh。

扫射　宿舍　随身　琐事　算术　松鼠　丧失　损失　飒爽
赛事　桑树　私塾　岁数　撒手　缩水　私事　随时　损伤

7. 对比辨音。

资源—支援　造就—照旧　杂记—札记　栽花—摘花
杂草—铡草　阻力—主力　增光—争光　早稻—找到

仿造—仿照　宝藏—保障　祖父—主妇　宗旨—终止

参赞—参战　租子—珠子　原子—原址　资助—支柱

推辞—推迟　村庄—春装　粗糙—出操　凑齐—臭棋

粗布—初步　祠堂—池塘　从来—重来　冲刺—充斥

木材—木柴　擦手—插手　曾经—成精　好醋—好处

桑叶—商业　私人—诗人　散光—闪光　搜集—收集

死记—史记　苏绣—舒袖　撕纸—湿纸　三哥—山歌

塞子—筛子　肃立—树立　四季—世纪　斯文—诗文

丧生—上升　申诉—申述　四十—事实　丝绵—失眠

8. 混合练习。

早晨　出租　宿舍　暂时　慈善　挫折　揣测　松弛　春色

祝词　祖传　嘴唇　仲裁　竹笋　资深　残杀　禅宗　斥责

超载　掺杂　遭受　措施　始祖　擅自　磋商　丝竹　拆散

承载　尊称　赏赐　诉状　资财　愁思　才智　水彩　次数

场所　催生　姿势　注册　陈诉　四肢　珍藏　超速　松针

住宿　著作　侍从　师资　榨菜　思潮　收藏　酸楚　手足

二、朗读下面的句子，注意读准平翘舌音声母的音节。

1. 五台山是我国著名的佛教四大名山之一，与四川峨眉山、浙江普陀山、安徽九华山齐名。

2. 黄果树瀑布位于贵州省镇宁布依族苗族自治县境内的白水河上，是亚洲最大的瀑布。

3. 沈阳故宫是清朝初期两代皇帝的皇宫，是中国仅存的两大宫殿建筑群之一。

4. 泰山的自然景观雄伟绝奇，并且有数千年精神文化的渗透渲染和人文景观的烘托，是中国山水名胜的集大成者，被联合国教科文组织确定为世界文化与自然遗产。

5. 被称为"海上花园"的鼓浪屿保留着许多具有中外各种建筑风格的建筑物，有人说这里是"万国建筑博览会"。屿上碧波、白云、绿树交相辉映，处处给人整洁幽静的感觉。

6. 好望角的岩石构造像天工的雕刻，层层页岩仿佛沉积着岁月的故事，只要打开，这些故事就会如同激荡的海潮，热烈地朝我们涌来。

三、朗读下面的古诗词，注意加点字声母的读音。

暮江吟

唐·白居易

一道残阳铺水中，半江瑟瑟半江红。

可怜九月初三夜，露似真珠月似弓。

钱塘湖春行

唐·白居易

孤山寺北贾亭西，水面初平云脚低。

几处早莺争暖树，谁家新燕啄春泥。

乱花渐欲迷人眼，浅草才能没马蹄。

最爱湖东行不足，绿杨阴里白沙堤。

滁州西涧

唐·韦应物

独怜幽草涧边生，上有黄鹂深树鸣。

春潮带雨晚来急，野渡无人舟自横。

蝶恋花

宋·柳永

伫倚危楼风细细，望极春愁，黯黯生天际。

草色烟光残照里，无言谁会凭阑意？

拟把疏狂图一醉，对酒当歌，强乐还无味。

衣带渐宽终不悔，为伊消得人憔悴。

（二）分辨鼻音n和边音l

在普通话中，鼻音 n 和边音 l 分得很清楚。但在许多方言里，n 和 l 是不分的。这些方言中有的读成 n，有的读成 l，还有的彼此混淆，有一部分方言只在一定的韵母前能分辨，情况相当复杂。

n、l 相混的地区学习这两个声母主要有两个方面的困难：一是读不准音；二是分不清字。要读准 n 和 l，关键在于控制软腭的升降。因为 n 和 l 都是舌尖抵住上齿龈发音，所以主要区别在于发音方法。有没有鼻音主要看是从鼻腔出气，还是从舌头的两边出气。发 n 时，软腭下降，气流不能从口腔流出，必须从鼻腔出来；发 l 时，软腭上升，堵塞鼻腔通道，气流从舌头的两边或一边流出。所以练习时，必须着重学会控制软腭的升降和舌头的收窄与放宽。

读一读下面各组音节，连接线前边的是 n，后边的是 l。

农—龙　牛—留　脑—老　男—蓝　暖—卵

年—连　纳—蜡　怒—路　囊—狼　您—林

奶—来　内—累　能—棱　虐—略　女—吕

在读准这两个声母的基础上，还要记住常用的 n 声母的字和 l 声母的字，可以掌握以下两种辨字方法。

1. 利用形声字的声旁进行类推

例如：尼——妮 泥 旎 伲 昵

　　　里——理 哩 厘 锂 狸

2. 利用记少不记多的方法帮助记忆

在汉字中，n 声母的字比 l 声母的字要少得多，有的韵母如 un，n 声母的字一个也没有；有的韵母如 ü、ei、u、ou、uan、ang、iang、in 等，n 声母的字很少，而相应的 l 声母的字却比较多。例如，跟 ü 相拼的音节，n 声母的常用字只有"女"，而 l 声母的字有很多，如"绿""吕""铝""率""屡""驴""虑""旅""律""滤"等。我们可以只记住"女"，其他的都读 l 声母的字。再如，跟 ei 相拼的音节，n 声母只有"内""馁"两个字，l 声母的字却有很多，如"累""类""雷""磊""蕾""泪""肋"等。我们记住少的 n 声母的字，相应的多的 l 声母的字也就能分辨了。

[语音训练]

一、按照要求读准下列词语。

1. 读下列词语，体会边音声母 l 的准确发音。

打量　考虑　高楼　博览　打捞　马路　果林　鸭梨　草料　堕落　阔佬

犒劳　法律　活力　巴黎　毛驴　隔离　拉链　锅炉　脱离　小楼　暴露

可怜　桃林　料理　确立　保留　老龙　高粱　老路　骚乱　道理　暴乱

2. 读下列词语，体会鼻音声母 n 的准确发音。

南宁　忍耐　观念　喧闹　酝酿　叛逆　酸奶　男女　愤怒　惦念　全年

温暖　烂泥　电钮　困难　悬念　亲昵　鲜嫩　搬弄　烦恼　艰难　人脑

怎奈　孙女　患难　俊男　本能　沉溺　感念　电脑　馆内　眷念　安宁

3. n—l。

奶酪　努力　年龄　尼龙　耐劳　奴隶　能量　暖流

年轮　鸟类　能力　那里　闹铃　内敛　嫩柳　内陆

农历　纳凉　递流　凝练　耐力　脑力　浓烈　嫩绿

4. l—n。

辽宁　老年　岭南　烂泥　罹难

冷暖　留念　理念　流年　落难

李宁　历年　老牛　来年　两难

羚牛　遛鸟　连年　列宁

5. 对比练习。

留念—留恋　年年—连年　浓重—隆重　泥巴—篱笆

男裤—蓝裤　女客—旅客　蓝天—南天　凝视—零食

腊月—那月　脑子—老子　炼卡—念卡　河南—荷兰

二、朗读下面的句子，体会声母是 n、l 的字的发音。

1. 人老了脑血管容易硬化。

2. 请你去南宁给我买两套蓝色的男西服。

3. 云南省因为位于云岭之南而得名云南。

4. 梁奶奶家的女儿在洗脸，儿子在推碾。

5. 牛姥姥的凉菜做得真好，色香味俱全。

6. 他浓重的家乡口音给隆重的婚庆宴会带来了阵阵欢笑。

7. 被记者拦住要谈感想，这可难住了我。

三、朗读下面的古诗，注意加点字声母的读音。

秋浦歌

唐·李白

炉火照天地，红星乱紫烟。

赧郎明月夜，歌曲动寒川。

绝句

唐·杜甫

两个黄鹂鸣翠柳，一行白鹭上青天。

窗含西岭千秋雪，门泊东吴万里船。

江南春

唐·杜牧

千里莺啼绿映红，水村山郭酒旗风。

南朝四百八十寺，多少楼台烟雨中。

(三)舌面前音 j、q、x 的发音

舌面前音 j、q、x 在有些方言中容易和舌尖前音 z、c、s 与舌尖后音 zh、ch、sh 相混淆。但更多的情况是，有些人发 j、q、x 时，把本应由舌面与硬腭接触发出的音发成了由舌尖与硬腭接触发出的音，我们称这样的音为"舌叶音"。例如，"机器"(jīqì) 读成(zēicèi)、"戏剧"(xìjù) 读成(sèizuì)等。所以我们发 j、q、x 时，一定要把舌尖抵在下齿背，把舌面前部抬起与硬腭接触。

[语音训练]

一、词语练习。

1. j—j。

季节　寂静　寄居　坚决　建交　讲解　焦距　解决　借鉴　紧急
经济　举荐　嫁接　究竟　酒精　矫健　交际　检举　接见　将军

2. q—q。

凄切　齐全　恰巧　千秋　欠缺　亲切　情趣　请求　取巧　全球
缺勤　确切　前驱　侵权　轻巧　求全　氢气　弃权　崎岖　群情

3. x—x。

习性　喜讯　细心　遐想　鲜血　纤细　显现　现行　详细　消息
兴修　雄心　凶险　休想　虚心　喧嚣　血型　闲暇　休闲　小溪

4. 混合练习。

机械　汲取　奸细　降旗　饯行　经销　举行　期限
栖息　家禽　墙角　劝解　庆幸　希冀　先秦　屈膝

详情　薪金　纤巧　千钧　西郊　桥西　先前　举行

期间　敲击　前景　切忌　衔接　消极　谢绝　现金

栖息　谦虚　侨乡　窃喜　抢险　球星　酒席　修建

二、朗读古诗词，注意声母是 j、q、x 的字的读音。

黄鹤楼

唐·崔颢

昔人已乘黄鹤去，此地空余黄鹤楼。

黄鹤一去不复返，白云千载空悠悠。

晴川历历汉阳树，芳草萋萋鹦鹉洲。

日暮乡关何处是，烟波江上使人愁。

雨霖铃

宋·柳永

寒蝉凄切，对长亭晚，骤雨初歇。都（dū）门帐饮无绪，留恋处，兰舟催发。执手相看泪眼，竟无语凝噎。念去去，千里烟波，暮霭沉沉楚天阔。

多情自古伤离别，更那（nǎ）堪，冷落清秋节，今宵酒醒何处？杨柳岸，晓风残月。此去经年，应是良辰好景虚设。便纵有千种风情，更与何人说？

(四)舌尖后音 r 的发音

普通话里的舌尖后浊擦音 r 在许多方言里都不存在，最常见的情形是把 r 读成 i，如东北人把"人民"（rénmín）读成"银民"（yínmín）。也有的地区把 r 读成 l，如厦门、扬州、江西等地把"肉"（ròu）读成"漏"（lòu）。不论读成哪个音，错误都在于没有把舌尖抬起并略微卷起与硬腭前端接近。所以，读 r 时一定要注意这一点。

[语音训练]

一、字词练习。

惹　日　绕　柔　燃　任　嚷

仍　儒　弱　瑞　软　润　荣

冉冉　忍让　仁人　柔韧　柔弱

肉苁　濡染　如若　软弱　柔软

二、对比练习。

1. r—y。

日—意　嚷—痒　冗—永　肉—右　忍—瘾

日历—毅力　日渐—意见　饶恕—摇树　绕道—要道　点燃—碘盐

土壤—土养　退让—退样　仍旧—营救　冗长—蛹长　白人—白银

2. r—l。

儒—庐　肉—漏　然—栏　让—浪　若—落

如火—炉火　出入—出路　肉馅—露馅　软蛋—卵蛋　湿润—诗论

天然—天蓝　峥嵘—蒸笼　衰弱—衰落　荣华—龙华　柔道—楼道

三、朗读古诗，注意声母是 r 的字的读音。

早春呈水部张十八员外

唐·韩愈

天街小雨润如酥，草色遥看近却无。

最是一年春好处，绝胜烟柳满皇都。

题菊花

唐·黄巢

飒飒西风满院栽，蕊寒香冷蝶难来。

他年我若为青帝，报与桃花一处开。

（五）零声母的发音

普通话里的零声母音节开头没有辅音，都是以元音开头的，但在有些方言里把以元音 a、o、e 开头的零声母音节读成以辅音 n 或 ng 开头的音。例如，把"恩爱"（ēnài）读成"nēnnài"或是"ngēnngài"；把以 i 开头的零声母音节读成以辅音 n 开头的音，如把"硬"（yìng）读成"泞"（nìng）；把以 u 开头的零声母音节读成以辅音 v 开头的音，如把"五"（wǔ）读成"vǔ"，把"娃娃"（wá·wa）读成"váva"。所以，在训练零声母音节的发音时，应特别注意。

零声母音节不等于没有声母，尽管它只表现为一个空位，但这个位置在研究语音史及方言比较时具有实际的意义。

为防止零声母音节与前一音节韵尾拼合，混淆音节之间的语音现象，我们要注意零声母音节起始时的实际发音。开口呼零声母音节 a、o、e 实际发音时舌位力度要加大，口腔后部要打开。齐齿呼零声母音节、合口呼零声母音节、撮口呼零声母音节分别用汉语拼音表示是以隔音字母 y、w、y 开头，实际发音时带轻微摩擦，分别是半元音 [j]、[w]、[ɥ]。

[语音训练]

一、词语练习。

埃及	矮小	遨游	翱翔	安稳	鹌鹑	和蔼	凹陷	安逸
饥饿	讹诈	恩爱	鳄鱼	鹅毛	恩人	摁倒	恩情	耳闻
欧洲	怄气	呕吐	海鸥	偶尔	藕粉	欧盟	殴打	安危
压迫	亚洲	银行	硬件	牙龈	疑问	议定	硬币	演绎
烟雾	摇曳	野营	议案	音乐	医药	友爱	扬言	遥远
卧车	沃土	倭寇	握手	鸟窝	误会	无谓	文物	威武
婉约	委员	外语	无疑	午夜	巍峨	蛙泳	忘我	晚安

二、朗读古诗，注意零声母音节的发音。

枫桥夜泊

唐·张继

月落乌啼霜满天，江枫渔火对愁眠。
姑苏城外寒山寺，夜半钟声到客船。

峨眉山月歌

唐·李白

峨眉山月半轮秋，影入平羌江水流。
夜发清溪向三峡，思君不见下渝州。

竹石

清·郑燮

咬定青山不放松，立根原在破岩中。
千磨万击还坚劲，任尔东西南北风。

第四节　普通话韵母

韵母是指汉语音节结构中声母后面的部分，是汉语音节中最重要的、必不可少的组成部分。普通话之所以悦耳动听，是因为元音在起作用，而韵母的构成以元音为主。掌握正确的韵母发音方法，对于字音的响亮与圆润起着重要作用。普通话韵母共有 39 个。

一、韵母的构成与分类

首先，按照韵母的内部结构，韵母可以分为韵头、韵腹、韵尾三部分。其中，发音最响亮、最清晰的是韵腹，由主要元音充当。韵腹前面是韵头，因为它介于声母和韵腹之间，所以又叫介音，一般由 i、u、ü 充当。韵头的发音特点是短促。韵腹后面是韵尾，通常由元音 i、u、o 和鼻辅音 n、ng 充当。韵尾的发音要到位，干净利索。例如，在"光"（guāng）这个音节中，u 是韵头，a 是韵腹，ng 是韵尾。不是所有的音节都有三部分，一个音节的韵母中可以没有韵头或韵尾，但不能没有韵腹，韵腹是韵母当中最重要的音素。

其次，按照音素构成的成分，韵母可以分为单元音韵母（简称单韵母）、复合元音韵母（简称复韵母和鼻韵母）。

最后，根据韵头的发音特点，整个韵母可以分为"四呼"。

开口呼：没有韵头，韵母是 a、o、e 或以 a、o、e 起头的韵母。

齐齿呼：韵头是 i 或以 i 起头的韵母。

合口呼：韵头是 u 或以 u 起头的韵母。

撮口呼：韵头是 ü 或以 ü 起头的韵母。

"四呼"的分类对说明汉语语音的系统性有重要意义，有利于解释声母和韵母的组合关系、配合规律。《汉语拼音方案》中的韵母表就是按照"四呼"进行排列的，详见表 1-3。

表 1-3　普通话韵母表

韵母	开口呼	齐齿呼	合口呼	撮口呼
单韵母	i〔ɿ〕〔ʅ〕	i	u	ü
	a	ia	ua	
	o		uo	
	e			
	ê	ie		üe
	er			

续表

韵母	开口呼	齐齿呼	合口呼	撮口呼
复韵母	ai		uai	
	ei		uei	
	ao	iao		
	ou	iou		
鼻韵母	an	ian	uan	üan
	en	in	uen	ün
	ang	iang	uang	
	eng	ing	ueng	
	ong			iong[yŋ]

二、韵母的发音

(一)单韵母

由一个元音构成的韵母叫作单韵母。单韵母共有 10 个：7 个舌面元音，即 a、o、e、i、u、ü、ê；2 个舌尖元音，即-i(前)、-i(后)；1 个卷舌元音，即 er。

不同的元音是由不同的口腔形状造成的。口腔的形状又跟舌位和唇形密切相关。因此，可以从以下三个方面来分析单韵母。

(1)舌位的高低。舌位是指舌面隆起的最高点所处的位置。舌面隆起的位置跟上腭距离的大小就是舌位的高低，距离小，舌位高；距离大，舌位低。而舌位的高低与口腔的开度相反，舌位高，口腔开度小；舌位低，口腔开度大。舌位的高低是渐变的，根据发音时舌位高低的变化，元音可分为高元音、半高元音、半低元音、低元音四类。

(2)舌位的前后。根据发音时舌面着力点的前后变化，元音可分为前元音、央元音、后元音三类。

(3)唇形的圆展。根据发音时嘴唇形状的变化，元音可分为圆唇元音和不圆唇元音两类。

舌面元音舌位图如图 1-2 所示。

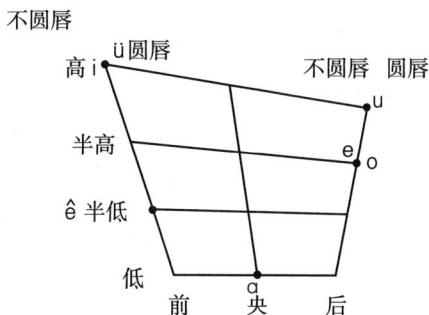

图 1-2　舌面元音舌位图

1. 舌面元音单韵母(方括号内是国际音标)

a[A]——舌面、央、低、不圆唇元音

o[o]——舌面、后、半高、圆唇元音

e[ɤ]——舌面、后、半高、不圆唇元音

i[i]——舌面、前、高、不圆唇元音

u[u]——舌面、后、高、圆唇元音

ü[y]——舌面、前、高、圆唇元音

ê[ɛ]——舌面、前、半低、不圆唇元音

2. 舌尖元音单韵母

-i[ɿ]——舌尖、前、高、不圆唇元音

-i[ʅ]——舌尖、后、高、不圆唇元音

需要注意的是，舌尖前元音韵母只和声母 z、c、s 相拼，舌尖后元音韵母只和声母 zh、ch、sh、r 相拼。相拼时，"-i"前的短横要去掉，写成 zi、ci、si 和 zhi、chi、shi、ri。

-i(前)、-i(后)和 i(舌面)这三个不同的元音，在《汉语拼音方案》中用同一个字母来表示，但不会发生混淆。由于它们不会在相同的环境里同时出现，因此可以用一个字母代表三个不同的韵母。例如，自制力(zìzhìlì)三个音节的韵母是不同的。

3. 卷舌元音单韵母

er[ər]——卷舌、央、中、不圆唇元音

这个元音是在央元音 e[ə]上加卷舌动作形成的，发音时，口腔在半开半闭之间，舌尖卷起，对着硬腭。"r"在 er 韵母中不代表音素，只是表示卷舌动作的符号。"er"这个韵母有两个用处。第一，它总是自成一个音节，不能和声母相拼，用"er"拼注的字只有"二""儿""而""尔""耳"等很少的几个字。第二，它经常出现在某些音节的末尾，使音节"儿化"，如"花儿""鸟儿""小孩儿"等。这些词里的"儿"不是一个独立的音节，它只是儿化音节里的一个有机成分，为表示这种特征，在儿化的音节里，要略写作"r"。

(二)复韵母

由两个或三个元音组合而成的韵母叫作复韵母。在普通话中，复韵母有 13 个，即 ai、ei、ao、ou、ia、ie、ua、uo、üe、iao、iou、uai、uei。

复韵母的发音和单韵母不同。单韵母发音时，舌头的位置、口腔的开闭，在整个发音过程中，基本没有变化。复韵母由一连串音素复合而成，音素间在发音过程中相

互影响，共同产生了一种新的声音组合。在发音时，发音器官要由一个元音的发音状态向另一个元音的发音状态变化，舌位、开口度、唇形等都要逐渐变化，中间没有明显界限，气流不中断，几个音自然连贯形成一个整体。舌位移动的过程叫作动程。舌的滑动感会影响字音的圆润度，只有舌的滑动幅度大，字音才能圆润饱满。其中，由两个元音构成的复韵母叫二合元音，由三个元音构成的复韵母叫三合元音。

在复韵母里，各个成分的响亮度、开口度是不同的，其中开口度最大、发音最响亮的元音叫主要元音，也就是韵母中的韵腹。根据韵腹所在的位置，复韵母分为前响复韵母、中响复韵母和后响复韵母。

1. 前响复韵母：ai、ei、ao、ou

前响复韵母的发音特点是前音响长，后音轻短，口腔由开到闭，舌位由低到高。主要元音 a、o、e 要发得响亮、清晰、稍长一些，做尾音的 i、u、o 发音短而轻，甚至可以模糊含混些，音值也不固定，只表示舌位滑动的大致趋向。前响复韵母不是由两个元音简单相加而成的，而是前一个元音向后一个元音滑动的过程。其中，ai 和 ao 的开口度较大，ei 和 ou 的开口度较小。

2. 中响复韵母：iao、iou、uai、uei

中响复韵母是三合元音，是指主要元音处于韵母中间的复韵母。它们是在前响二合元音前面分别加上韵头 i 和 u 构成的（在二合元音基础上又增加了一个动程）。发音时，中间的主要元音响亮、清晰，前面的韵头发音短促，后面的韵尾发音模糊微弱。其中，iao、uai 的开口度较大，iou、uei 的开口度较小。

《汉语拼音方案》规定，iou、uei 两个韵母和辅音声母相拼时，受声母与声调的影响，中间的元音弱化，写作 iu、ui。例如，"牛"写作 niú，不能写作 nióu；"归"写作 guī，不能写作 guēi。

3. 后响复韵母：ia、ie、ua、uo、üe

后响复韵母发音的特点是前音轻短，后音响长。前面的元音开口度小，收尾的元音开口度大，发音响亮、清晰，舌位由高向低滑动。

（三）鼻韵母

鼻韵母是由一个或两个元音之后附带一个"鼻辅音"(-n 或-ng)构成的，共 16 个，分为前鼻韵母和后鼻韵母。

鼻韵母的发音过程是由元音的发音状态逐渐向鼻音的发音状态过渡，最后成为纯粹的鼻音。发音特点是前音响亮后音哑，即鼻韵母的发音特点有两个：一是发音时，只有成阻阶段和持阻阶段；二是元音同后面的鼻辅音不是生硬地结合在一起的，而是有机的统一体。发音时，由元音向鼻辅音逐渐过渡，鼻音色彩逐渐增强，最后形成鼻辅音。鼻韵母的发音不是以鼻辅音为主，而是以元音为主，元音响亮、清晰，鼻辅音重在做出发音状态，发音不太明显。

在发音过程中，韵头的发音轻短，韵腹的发音响亮、清晰，韵尾的发音只做出发音状态，鼻音不能延长。

1. 前鼻韵母的发音

前鼻韵母是指以-n 为韵尾的韵母。普通话中的前鼻韵母有 8 个，即 an、en、in、ün、ian、uan、üan、uen。一定要注意把舌尖放在上齿龈的位置上，不要松动和后缩，软腭下降，打开鼻腔通道，一有鼻音出现便结束发音，让气流从鼻子里出来，这样发出的才是前鼻音，即发音结束时舌尖停留在上齿龈上。如果舌尖没有移动到位，这个音一定是模糊的、不地道的、不标准的前鼻音。

an：发音时，起点元音 a[a]，舌尖抵住下齿背，舌位降到最低，软腭上升，关闭鼻腔通路。从"前 a"开始，舌面升高，舌面前部抵住硬腭前部，当两者将要接触时，软腭下降，打开鼻腔通路，紧接着舌面前部与硬腭前部闭合，使在口腔受到阻碍的气流从鼻腔里流出。口形由开到合，舌位移动较大，是开口度最大的一个鼻音韵母。

例如： 参战　反感　烂漫　谈判　坦然　斑斓　办案　沾染

ian、uan、üan 收音时在 an 的基础上增加一个短而有力的韵头，在实际运用中注意 ian 音受 i 的影响，üan 音受 ü 的影响，a 的开口度都比 an 小；发 uan 时，口形由合口变为开口，开口度较大，往返动程要宽。

例如： 变迁　减免　牵连　颜面　简练
　　　 贯穿　换算　婉转　专款　酸软
　　　 全权　渊源　圆圈　源泉　轩辕

en、in、uen、ün 发音时开口度小，收音时上下唇相互接近。en 发音时，e 的舌位比单发时略靠前，舌头处于静止的位置，接着舌位抬高，舌尖抵住上齿龈，软腭下降，气流从鼻腔流出，归音到鼻辅音 n 上。在实际运用中，in 中 i 的开口度要适当扩大，以增加声音的圆润度（窄音宽发）；uen 在语流中注意 u 的圆唇与开口度的保持，中间的元音 e 是过渡音，在非零声母音节中被省略掉了；ün 注意撮口，并注意舌面不要升得太高，以免产生摩擦噪声。

例如：根本　门诊　人参　认真　深沉　振奋　沉闷　审慎

　　　人伦　本分　近邻　拼音　信心　辛勤　引进　濒临

　　　薪金　殷勤　民心　新近　音信　云锦　昆仑　温存

　　　温顺　论文　温驯　馄饨　军训　均匀　芸芸　谆谆

《汉语拼音方案》规定，韵母 uen 和辅音声母相拼时，受声母和声调的影响，中间的元音（韵腹）产生弱化，写作 un。例如，"论"写作 lùn，不写作 luèn。in、ün 自成音节时写作 yin（音）、yun（晕）。

2. 后鼻韵母的发音

后鼻韵母是指以 -ng 为韵尾的韵母。普通话中的后鼻韵母有 8 个：ang、eng、ing、ong、iang、uang、ueng、iong。ng[ŋ] 是舌面后、浊、鼻音，在普通话中只作韵尾不作声母。发音时，先发元音，然后逐渐将舌根抬起，软腭下降，关闭口腔，打开鼻腔通道，舌面后部后缩，并抵住软腭，气流颤动声带，从鼻腔通过，一有鼻音出现便结束发音。在鼻韵母中，同 -n 的发音一样，-ng 除阻阶段也不发音。发后鼻韵母时，舌根抬高并后缩抵住软腭，让气流从鼻腔流出。收音时嘴是张开的。

ang 发音时舌头后缩，先发后、低、不圆唇元音 a[ɑ]，口大开，舌根上升，软腭下降，舌面后部与软腭闭合，做出要发"ng"音的状态，气流中途转向从鼻腔流出。

例如：帮忙　苍茫　当场　沧桑　上涨　行当　螳螂　商场　党章　厂房

iang、uang 发音时，在 ang 的基础上增加一个短促的韵头，发音动程较宽，开口度较大。

例如：两样　洋相　响亮　长江　踉跄　亮相　向阳　像样

　　　湘江　想象　狂妄　双簧　状况　装潢　矿床　强壮

ing、iong、uang 自成音节时，韵头 i、u 改写成 y、w。

eng 发音时，先发舌面、央、中、不圆唇元音 e[ə]，然后逐渐抬高舌根，软腭下降，舌根后缩，抵住软腭，让气流从鼻腔流出。

例如：承蒙　丰盛　更正　萌生　声称　逞能　增生　蒸腾　整风　风筝

ueng 韵母的发音，是在 eng 的开头加上 u 元音构成的。ueng 发音时，先发舌面、后、高、圆唇元音 u[u]，再向舌面、央、中、不圆唇元音 e[ə]滑动，最后向韵尾-ng 收尾。ueng 不能与任何辅音声母相拼。

例如：老翁　蓊郁　水瓮　嗡嗡

ing 发音时，口形没有明显变化，与 in 的区别就在于舌的位置较后，舌根部隆起，唇形始终没有明显变化。

例如：叮咛　经营　命令　评定　清静　行星　清明　姓名　倾听　病情

在实际运用中，为增加声音响度，eng、ing 应增加开口度。

ong 发音时，起点元音是舌面、后、高、圆唇元音 u[u]，但比 u 的舌位略低一点，唇形始终拢圆。

例如：共同　轰动　空洞　隆冬　隆重　通融　恐龙
　　　龙钟　笼统　总共　纵容　冲动　拢共　拢总

iong 发音时，起点元音是舌面、前、高、圆唇元音 ü[y]，为避免字母相混，《汉语拼音方案》规定，用字母 io 表示起点元音 ü，写作 iong。iong 与 j、q、x 组成音节时，在发音开始时就要撮口，否则会影响清晰度。

例如：汹涌　穷困　窘境

三、韵母发音中的重点和难点

(一)分辨前鼻韵母和后鼻韵母

说普通话时，前后鼻音不分或混淆的情况遍及全国大部分地区，尤其是南方地区和西北地区。可以说，它是影响人们说好普通话的重要因素。

前鼻韵母和后鼻韵母的区别主要表现在以下三点。

(1)舌尖位置不同。前鼻韵母收音在 n，发音结束时舌尖停留在上齿龈；后鼻韵母收音在 ng，舌头后部高高隆起，舌根尽量后缩，抵住软腭，发音结束时舌尖停留在下齿背或下齿龈。

(2)口形大小不同。发 n 时，上下唇接近，口形较小；发 ng 时，上下唇离得远，口形较大。

(3)音色不同。前鼻音 n 的声音尖细、清亮，后鼻音 ng 的声音则浑厚、低沉。

针对上述情况，我们首先要学会发准-n 和-ng 两个鼻辅音。区别前后鼻音需要注意以下两点。

(1)要掌握好 n 和 ng 的发音要领。它们的主要区别在发音部位，n 是舌尖归音，舌尖抵在上齿龈的位置，舌尖有着力感；ng 是舌根归音，舌头后缩，舌根抵住软腭，舌根要有主动上抬的意识，下颌肌肉要有紧张的感觉。

(2)要掌握好前后鼻音中元音的发音，如 an、ang 中的 a 发音时口腔要打开，en、eng 中的 e 发音时是扁唇，舌位靠后。

[语音训练]

一、朗读下列词语，注意前后鼻音的区别。

1. en—eng。

真诚　本能　深层　神圣　纷争　人称　分封　尘封

2. eng—en。

城镇　登门　横亘　烹饪　缝纫　圣人　憎恨　生根

3. in—ing。

心情　禁令　聘请　拼命　民营　金星　阴平　新颖

4. ing—in。

听信　灵敏　清新　挺进　平民　警民　领巾　病因

5. un—ong。

春种　滚动　混同　论丛　昆虫　混充　轮种

6. ong—un。

重婚　农村　中旬　冬笋　公论　红润　通顺　仲春

二、对比辨音。

1. en—eng。

诊治—整治　深思—生丝　身世—声势　陈旧—成就

瓜分—刮风　木盆—木棚　伸展—生长　清真—清蒸

2. in—ing。

因循—英雄　信服—幸福　频繁—平凡　人民—人名

亲近—清静　金银—经营　禁止—静止　辛勤—心情

3. un—ong。

轮子—笼子　炖肉—冻肉　存钱—从前　昆虫—洪钟

滚开—公开　春风—冲锋　纯净—崇敬　吞并—通病

4. ün—iong。

运费—雄飞　运力—雄丽　韵脚—熊叫　寻衅—雄性

群像—穷相　勋章—胸章　运煤—兄妹　人群—人穷

三、朗读下列词语，注意前后鼻音音节的发音。

凌晨　农村　精神　正文　墙根　更新　松散

成品　定神　忠贞　生存　藏身　风云　光临

青春　灵魂　恒温　病菌　雄浑　评分　耕耘

沉静　联营　驯养　品名　远景　申请　尊称

身影　银杏　论证　文凭　均衡　奋勇　全能

四、朗读诗歌，注意加点字前后鼻音音节的发音。

宿紫阁山北村

唐·白居易

晨游紫阁峰，暮宿山下村。村老见余喜，为余开一尊。

举杯未及饮，暴卒来入门。紫衣挟刀斧，草草十余人。

夺我席上酒，掣我盘中飧。主人退后立，敛手反如宾。

中庭有奇树，种来三十春。主人惜不得，持斧断其根。

口称采造家，身属神策军。主人慎勿语，中尉正承恩。

赠汪伦

唐·李白

李白乘舟将欲行，忽闻岸上踏歌声。

桃花潭水深千尺，不及汪伦送我情。

七律·人民解放军占领南京

近代·毛泽东

钟山风雨起苍黄，百万雄师过大江。

虎踞龙盘今胜昔，天翻地覆慨而慷。

宜将剩勇追穷寇，不可沽名学霸王。

天若有情天亦老，人间正道是沧桑。

（二）分辨 ian、uan、üan 与 ie、üe

前鼻韵母 ian、uan、üan 在方言中表现在三个方面：一是"a"音素的开口度过大，鼻韵尾归音不到位；二是把 ian、üan 与 ie、üe 混读为一个韵母，"中间—中街""宣纸—靴子"同音，主要问题是开口度小，元音收尾；三是把 uan、üan 读作 uang、üang，注意不要把"端饭"（duānfàn）读作"duāngfàng"。

体会下列几组字发音的不同。

ie—ian　　憋—编　瘪—偏　灭—面　跌—颠　铁—舔

捏—拈　劣—炼　姐—剪　怯—欠　写—显

[语音训练]

一、读准下列词语。

辨别　边界　编写　眼界　间谍　简介　鉴别

接连　界面　戒严　界限　绝缘　切片　铁锨

连夜　廉洁　前夜　劝解　填写　衔接　盐业

斜面　雪原　页面　夜间　街面　借鉴　节俭

二、辨音练习。

编号—别号　颠倒—跌倒　显出—写出　间断—阶段

铁路—天路　磨面—磨灭　钳子—茄子　面试—蔑视

三、朗读古诗，注意加点字的读音。

春江花月夜

唐·张若虚

春江潮水连海平，海上明月共潮生。

滟滟随波千万里，何处春江无月明！

江流宛转绕芳甸，月照花林皆似霰。

空里流霜不觉飞，汀上白沙看不见。

江天一色无纤尘，皎皎空中孤月轮。

江畔何人初见月，江月何年初照人？

人生代代无穷已，江月年年望相似。

不知江月待何人，但见长江送流水。

白云一片去悠悠，青枫浦上不胜愁。

谁家今夜扁舟子，何处相思明月楼？

可怜楼上月徘徊，应照离人妆镜台。

玉户帘中卷不去，捣衣砧上拂还来。

此时相望不相闻，愿逐月华流照君。

鸿雁长飞光不度，鱼龙潜跃水成文。

昨夜闲潭梦落花，可怜春半不还家。

江水流春去欲尽，江潭落月复西斜。

斜月沉沉藏海雾，碣石潇湘无限路。

不知乘月几人归，落月摇情满江树。

第五节　普通话声调

一、声调的性质

声调是指一个音节在读音上高低、升降、曲直、长短的变化，即贯穿整个音节的音高变化。在汉语中，一个音节就是一个汉字（儿化除外），所以，声调也叫字调。同普通话声母、韵母一样，音节的高低升降有区别意义的作用。例如，"买"（mǎi）和"卖"（mài）、"保卫"（bǎowèi）和"包围"（bāowéi）、"看书"（kànshū）和"砍树"（kǎnshù）

等，它们的声母、韵母虽然都一样，但由于声调不同，表示的意义也不同。

在普通话音节发音中，声调的变化主要是由音高决定的，而音高的变化会随着发音时声带松紧的变化而变化。发音时声带越紧，在单位时间内振动的次数越多，声音的频率就越快，声调也就越高；发音时声带越松，在单位时间内振动的次数越少，声音的频率就越慢，声调也就越低。在发音过程中，声带可以随时调整，可以一直绷紧，可以先绷紧后放松，或先放松后绷紧，还可以松紧相间。这样造成的种种不同的音高变化，就构成了各种不同的声调。当然，也可以根据声调的音高要求，对声带进行或松或紧、或松紧相间的变化。

由于男女老少声带的长短、厚薄、松紧不同，发出声音的音高也就不同。这种人与人之间的差异，包括同一个人受情绪或环境影响产生的音高变化，叫"绝对音高"。汉语中起着区别意义作用的声调不是由"绝对音高"决定的，而是由"相对音高"决定的，即各类声调之间高低升降的相对关系是一致的。例如，"妈""麻""马""骂"四个字，"妈"读高平，"麻"读中升，"马"读降升，"骂"读全降。这种声调之间高低升降的变化不会因人因时而不同，在每个人的音高范围内，声调的音高变化都是一样的。我们所讲的声调，正是这种相对的有区别意义的音高变化，而不是音乐中音阶的绝对高低变化。

不同方言区的人在交流时遇到的最大障碍就是声调，一个人的方言浓重与否，声调的变化是关键。所以，能否正确和熟练地运用声调直接影响说话人的普通话语音面貌，是衡量一个人普通话水平高低的重要标志。

二、调值和调类

(一)调值

调值是指声调高低、升降、曲直的具体变化，也就是声调的实际读法。常用的确定调值的方法是赵元任先生设计的"五度制标调法"，也常被称为"五度标记法"，即用一条竖线表示声调的高低，竖线的左边分别用横线、斜线、折线表示声调高低、升降、曲直、长短的变化。声调的高低分为"低、半低、中、半高、高"五度，分别用1、2、3、4、5表示。需要说明的是，这里的五度不是按照严格的音高界限来划分的，而只是表示相对的音高变化。利用五度标记法，可以把声调的四个调值十分形象地表示出来。五度标记法如图1-3所示。

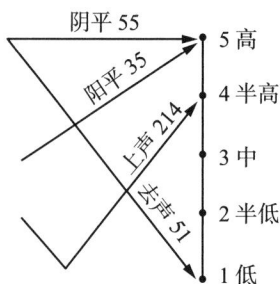

图 1-3　五度标记法

从图 1-3 中我们可以看出，普通话四个声调调号的形状，基本上是五度标记法的缩影。它体现了每个声调的音高变化，即调形。《汉语拼音方案》规定，调号通常在音节的韵腹上，表示声调的大致调形。例如，"学校"（xuéxiào）、"春光"（chūnguāng）等。

（二）调类

调类是指声调的分类，是根据声调的实际读法，即调值归纳出来的。有几种调值就有几种调类。普通话有四种基本的调值，对应四种调类，分别是阴平、阳平、上声、去声。和调值是不同的，调类也可以用序数表示，称为一声、二声、三声、四声，简称"四声"。

把调类、调形和调值结合起来分析，可以制成普通话声调表，见表 1-4。

表 1-4　普通话声调表

调类	调形	调值	调号	调值描写	例字
阴平	高平	55	—（˥）	起音高高一路平	山 shān
阳平	中升	35	╱（˧˥）	由中到高往上升	明 míng
上声	降升	214	∨（˨˩˦）	先降低平后升起	水 shuǐ
去声	全降	51	╲（˥˩）	高起猛降到底层	秀 xiù

三、声调的发音

（一）阴平

阴平——高平调（55 调），普通话里阴平的调值最高。发音时，起音音高是 5 度，结束时仍是 5 度，声带始终保持紧张状态，要读得又高又平。时值比阳平、上声略短，比去声稍长。个人要根据自己的自然音区确定自己的阴平调，不要太高，也不要太低，以自己感觉舒服、自然为准。如果双音节都是阴平调并且为中重格式的，一般调值要读成 44、55。

例如：通　颗　申　抛　青　薛　亲　插　咂
　　　秋天　鲜花　丰收　珍惜　炊烟　风光
　　　春天花开　珍惜光阴　东风飘香　中央机关

(二)阳平

阳平——中升调(35 调)，发音时，声音从不高不低的中声起音，逐渐升到最高音，声带从稍松弛到最紧张状态。上升时像滑音，过渡要完整，切不可从 3 跳到 5。

例如：拔　茶　牙　夺　佛　学　迷　纯　神　洁
　　　国旗　答题　团结　联合　排名　流行
　　　牛羊成群　严格执行　人民团结　文学繁荣

(三)上声

上声——降升调(214 调)，为低降中升调形。发音时，音高由半低 2 度下降到 1 度短暂停留，然后上升到 4 度，声带状态从稍紧到松弛，略舒展再变紧张。上声在语流中会发生变调现象(将在本章第六节"语流音变"中阐述)，只有在读单音节字和多音节词末尾一个字时才要把调值读完整。

例如：跛　渴　惹　铁　紫　窄　馁　蕊　朽
　　　批准　发展　争取　思索　音响　充满
　　　平等　勤恳　和好　国宝　遥远　难免

(四)去声

去声——全降调(51 调)，发音时，起音音高由最高的 5 度降到最低的 1 度，声带状态由最紧张变得最为放松。从上到下要一气贯通，直线向下，不要拐弯。时值比阴平、阳平、上声都要略短些。普通话里去声音节较多。

例如：雁　赚　涮　润　慎　瓮　蹭　聘　训　酿

大夏　戏剧　庆贺　魄力　奋斗　创造

胜利在望　创造纪录　正确判断　奋力跃进

四、声调发音中容易出现的问题及纠正方法

(一)阴平调值不够高

虽然各方言区基本都有阴平声调，但很多人在朗读或者说话的时候，往往会出现调值不够高的情况。阴平的调值是 55，它在普通话中的调值是最高的，但人们常常会读成中平调甚至低平调。由于也是平调，因此很多人感觉不出来，然而这样发出的音不但声调不对，听上去也不悦耳。所以，发音时声带保持紧张状态，在起音后略开高一点儿，末尾稍有一点儿下降的趋势，但首尾差别不要大。

(二)阳平升不上去

阳平调的特点是音高由中音逐渐向高音过渡，最后达到最高音 5 度。但很多人在发阳平调时，往往升到 4 度或 3 度就停止了，虽然也是向上的趋势，但调值升得不够高，时值也不够长，有时甚至听上去像低平调了。没有高音，声音就不够响亮、清晰。所以，发好阳平调的关键在于起调要高，升高时要直接上升，不要曲线上升。

(三)上声调值不完全

上声的调值是 214。发音时，要前短后长，低降高升。有的人由于习惯，往往读得前长后短，致使声调不完全；也有的人受上声变调的影响，在上声字单念或放在词尾时也只读 21 调值，只降不升，读得不完全。所以读上声时，一是要读准。起调较低，先降下来再扬上去，降升变化是平滑的弯曲变化，特别是由 1 度升到 4 度的过程，不要硬拐，音高要逐渐升高，而音量要逐渐降低。二是要注意什么时候变调，什么时候要把调值读完整。

(四)去声降不到底

去声的调值是 51，发音时由最高的 5 度降到最低的 1 度，要读得干脆，不拖沓。

[语音训练]

朗读下面的诗歌，注意四个声调的调值变化。

江畔独步寻花

唐·杜甫

黄四娘家花满蹊，千朵万朵压枝低。

留连戏蝶时时舞，自在娇莺恰恰啼。

锦瑟

唐·李商隐

锦瑟无端五十弦，一弦一柱思华年。

庄生晓梦迷蝴蝶，望帝春心托杜鹃。

沧海月明珠有泪，蓝田日暖玉生烟。

此情可待成追忆，只是当时已惘然。

水调歌头·明月几时有

宋·苏轼

丙辰中秋，欢饮达旦，大醉，作此篇，兼怀子由。

明月几时有，把酒问青天。不知天上宫阙，今夕是何年？我欲乘风归去，又恐琼楼玉宇，高处不胜寒。起舞弄清影，何似在人间？

转朱阁，低绮户，照无眠。不应有恨，何事长向别时圆？人有悲欢离合，月有阴晴圆缺，此事古难全。但愿人长久，千里共婵娟。

沁园春·雪

近代·毛泽东

北国风光，千里冰封，万里雪飘。望长城内外，惟余莽莽；大河上下，顿失滔滔。山舞银蛇，原驰蜡象，欲与天公试比高。须晴日，看红装素裹，分外妖娆。

江山如此多娇，引无数英雄竞折腰。惜秦皇汉武，略输文采；唐宗宋祖，稍逊风骚。一代天骄，成吉思汗，只识弯弓射大雕。俱往矣，数风流人物，还看今朝。

第六节　语流音变

在日常的说话交流中，我们不可能孤立地发出一个个音素或音节，而是要把一连串的音节连续发出来，便形成了语流。在连续发音的过程中，由于受到相邻音节或音素的影响，一些音节会发生语音上的细微变化，它和一个音节的单独发音有所不同，这种变化就叫作语流音变。

普通话中的音变现象，主要有变调、轻声、儿化、语气词"啊"的音变等。

一、变调

在语流中，由于受到前后音节的影响，某个音节的调值发生了明显的变化，这种音变现象叫作变调。普通话中的变调主要有以下几种。

(一)上声的变调

单读或放在词语末尾时要读原调(214)。

例如：有　小满　七彩　连理

1. 两个上声音节连读时，前一音节变成阳平(35)，后字不变

例如：手表　水果　美好　展览　雨伞

2. 上声音节在非上声音节前变读为半上(21)

例如：上声＋阴平　　小说　尾声　起因
　　　上声＋阳平　　小学　尾随　起源
　　　上声＋去声　　小数　尾部　起立
　　　上声＋轻声　　小子　尾巴　起来

3. 两个叠字上声连读

(1)名词叠字一般是前字变半上(21)，后字读轻声。

例如：姥姥　宝宝　奶奶　姐姐

(2)动词叠字一般是前字变阳平(35)，后字读轻声。

例如：洗洗　找找　等等　抖抖

4. 三个上声相连时，根据词语的结构进行变调

(1)当词语结构是"双单格"时，前两个上声变阳平(35)，最后一个读原调。

例如：展览馆　蒙古语　手写体

(2)当词语结构是"单双格"时，第一个上声变半上(21)，第二个变阳平，第三个读原调。

例如：纸老虎　老领导　小拇指

(二)"一"的变调

单读、放在词尾或做表示顺序的序数词时读原调(55)。

例如：第一　统一　十一斤　一年级　1月1日　2001年

1. 在去声前，变读为阳平

例如：一样　一个　一块儿　一败涂地　一技之长

2. 在阴平、阳平、上声前，变读为去声

例如：一年　一天　一家之言　一针见血　一孔之见

3. 在重叠动词中间，读轻声

例如：想一想　说一说　看一看

4. 数字里"一"的读法

在"百""千""万""亿""兆"前，"一"字要变调，如"一百""一千""一万""一亿""一兆"等。特别需要注意的是，在长数字中，只有位于开头的"一"才变调，位于中间和末尾的"一"不变调。例如，"一万一千一百一十一"，只有"万"前面的"一"才变读为阳平，其余的"一"并不变调。又如，"一车""一年""一种""一个"的"一"要变调，在"十一车"

"二十一年""三十一种""四十一个"里，"一"是数字词尾，所以无须变调。

(三)"不"的变调

单读或放在词尾、句尾及非去声前时读原调(51)。

例如：不　我绝不　不佳　不行　不慌不忙

1. 在去声前，变读为阳平

例如：不对　不怕　不义之财　不见不散

2. 在重叠动词和形容词中间，读轻声

例如：走不走　美不美

二、轻声

普通话的每一个音节都有一个声调，但在连续的语流中，由于音节之间的相互影响，有的音节失去了原来的声调，变成一种既轻又短的调子，这就是轻声。

轻声只出现在其他音节的后面，或者夹在词中间，不会出现在一个词或一句话的开头。

轻声是普通话的一个主要特点，在普通话中有大量的轻声词。要学好普通话，就应该知道哪些是必读轻声词，轻声音节的实际读法是怎样的，轻声音节有什么作用，等等。

(一)轻声的读法

轻声是一种既轻又短的声调。轻声音节的语音特征表现为时长短、音强弱，调值不清晰、不完整。轻声音节和非轻声音节对比，还可以显示出它的音量小。比如"东西""石头""桌子""妈妈"等词，第二个音节都读轻声，第一个音节就显得重一些，形成"重轻"这样的格式。练习时，也可以适当将前面的音节读得重而长些，后面的音节就轻而短些。

(二)轻声的作用

1. 区分词义

例如：莲子(吃的)—帘子(挂的)

2. 区分词义和词性

例如：大意(主要的意思，名词)—大意(疏忽，形容词)

3. 区分词和短语

例如：东西(两个方向，短语)—东西(事物，名词)

兄弟(哥哥和弟弟，短语)—兄弟(弟弟，名词)

(三)常见的轻声音节

普通话里有些轻声是有一定规律的，而有些轻声则是根据约定俗成来确定的。

1. 有规律的轻声

从语法成分可分为以下几种情况。

(1)助词：的 地 得 着 了 过。

例如：你的 轻轻地 说得对 笑着走了 看过

(2)语气词：啊 吧 吗 呢。

例如：是啊 好吧 行吗 他呢

(3)趋向动词：来 去。

例如：上来 下去 出来 进去 起来 回去

(4)方位名词：上 下 里。

例如：墙上 地下 省里 乡下 山上

(5)名词后缀：子 头 们。

例如：桌子 木头 人们

(6)名词、动词重叠式的后一个音节以及夹在中间的"一"或"不"。

例如：罐罐　看看　说说　瞧一瞧　来不来

2. 无规律的轻声词

有一批双音节词的第二个音节，习惯上要读轻声。这种词大都是口语中经常使用的。

例如：耳朵　月亮　云彩　先生　眼睛　衣服　清楚

　　　招呼　应付　钥匙　风筝　玻璃　葡萄　亮堂

三、儿化

普通话里有一个卷舌元音 er，它不能和声母相拼，只能自成音节。"儿""耳""尔""而""饵""二"等字都是由这个单韵母构成的音节。"儿"这个音节经常附在名词后边(有时也附在形容词后边)作后缀，就产生了连音变化。连音，就是两个音节连在一起，合成一个音节。er 和它前边的音节融合成一个音节，就把卷舌元音的特征带给了前边音节的韵母，使这个韵母加上了卷舌动作。这种音变现象就叫"儿化"。例如："花儿"huār(r 不表示音素，只表示卷舌动作)。

(一)儿化音变的规律

在普通话的 39 个韵母中，除 er 以外的韵母都可以有儿化音变。由于儿化韵附着在前一个音节的韵尾后面，发音时要根据前一个音节的韵尾音素做相应的调整，因此音变规律不同。

1. 音节末尾是 a、o、e、ê、u 的，直接在韵母上加卷舌动作

a→ar　刀把儿　号码儿　戏法儿　在哪儿　打杂儿　板擦儿

ia→iar　掉价儿　一下儿

ua→uar　红花儿　香瓜儿

o→or　耳膜儿　粉末儿

uo→uor　火锅儿　做活儿　大伙儿　邮戳儿　小说儿　被窝儿

ao→aor　红包儿　灯泡儿　半道儿　手套儿　跳高儿　叫好儿　口罩儿　口哨儿　蜜枣儿

iao→iaor　鱼漂儿　火苗儿　跑调儿　面条儿　豆角儿　开窍儿

e→er　模特儿　逗乐儿　唱歌儿　挨个儿　打嗝儿　饭盒儿　在这儿

ie→ier　半截儿　小鞋儿

üe→üer　旦角儿　主角儿

u→ur　碎步儿　没谱儿　儿媳妇儿　梨核儿　泪珠儿　有数儿

ou→our　衣兜儿　老头儿　年头儿　小偷儿　门口儿　纽扣儿　线轴儿　小丑儿

iou→iour　顶牛儿　抓阄儿　棉球儿

2. 韵母是 i 或 ü 的，在原韵母后边加 er

i→ier　针鼻儿　垫底儿　肚脐儿　玩意儿

ü→üer　毛驴儿　小曲儿　痰盂儿

3. 韵尾是 i 或 n 的，韵尾脱落，在韵腹上加卷舌动作

ai→ar　名牌儿　鞋带儿　壶盖儿　小孩儿

ei→er　摸黑儿　刀背儿

uai→uar　一块儿

uei→uer　一会儿　耳垂儿　墨水儿　围嘴儿

an→ar　快板儿　老伴儿　蒜瓣儿　脸盘儿　收摊儿　笔杆儿　门槛儿

ian→iar　小辫儿　照片儿　差点儿　一点儿　雨点儿　聊天儿　拉链儿　冒尖儿　坎肩儿　牙签儿　露馅儿

uan→uar　茶馆儿　饭馆儿　火罐儿　落款儿　打转儿　拐弯儿　好玩儿　大腕儿

üan→üar　烟卷儿　手绢儿　出圈儿　包圆儿　人缘儿　绕远儿　杂院儿

en→er　老本儿　花盆儿　嗓门儿　把门儿　哥们儿　纳闷儿　后跟儿　高跟儿　别针儿　一阵儿　走神儿　大婶儿　杏仁儿　刀刃儿

in→ir　有劲儿　送信儿　脚印儿

uen→uer　打盹儿　胖墩儿　砂轮儿　冰棍儿　没准儿　开春儿

ün→ür　花裙儿　合群儿

4. 韵尾是 ng 的，韵尾脱落，韵腹变为鼻化元音，同时加上卷舌动作，表示鼻化元音的符号是在元音上方加～

ang→ãr　药方儿　赶趟儿　香肠儿　瓜瓤儿

iang→iãr　鼻梁儿　透亮儿　花样儿

uang→uãr　蛋黄儿　打晃儿　天窗儿

eng→ẽr　钢镚儿　夹缝儿　脖颈儿　提成儿

ing→ĩr　花瓶儿　打鸣儿　图钉儿　门铃儿　眼镜儿　蛋清儿　火星儿　人影儿

ong→õr　果冻儿　门洞儿　胡同儿　抽空儿　酒盅儿　小葱儿

iong→iõr　小熊儿

ueng→uẽr　小瓮儿

5. 韵母是-i[前]或-i[后]的，韵母脱落，加上 er

-i[前]→-er　瓜子儿　石子儿　没词儿　挑刺儿

-i[后]→-er　墨汁儿　锯齿儿　记事儿

(二)儿化的作用

1. 词义变化

头(脑袋)—头儿(首领)　　面(面粉)—面儿(粉末)

眼(眼睛)—眼儿(小孔)　　信(信件)—信儿(消息)

2. 词性变化

画(动词)—画儿(名词)　　摊(动词)—摊儿(名词)

尖(形容词)—尖儿(名词)　　盖(动词)—盖儿(名词)

3. 有些词儿化以后，可表示喜爱、亲切或者轻视的感情色彩

老头子—老头儿　　脸蛋子—脸蛋儿　　(语气不同)

(三)儿化运用的基本原则

(1)凡是区别词性、词义或表示某种情感的，该儿化的一定要儿化。例如：你能不能早点儿来？

(2)广播、电视，或在重要的文章中和郑重、庄严的场合中，尽量不要儿化，以示严肃、庄重、大气。

(3)er 韵母在有些时候，不能化入前一个音节中去，而要独立成为一个音节，如在诗歌、歌词等韵律较强的文学作品中。例如：花儿为什么这样红？

四、语气词"啊"的音变

"啊"出现在句首时是感叹词，基本没有变化，但"啊"出现在句尾时，受前一音节

末尾音素的影响，读音发生种种变化，一般在 a 的前面总要增加一个相应的音素。这些读音的变化是音素与音素之间自然的连读音变。

(1)前一音节末尾是 a、o(ao、iao 除外)、e、i、ü、ê 时，前面加 i，读作 ya，写作"呀"。

例如：这间教室好大呀！

这里的人真多呀！

大伙儿一定要注意呀！

你们慢点喝呀！

嗬，好大的雪呀！

你要努力争取呀！

(2)前一音节末尾是 u(含 ao、iao)时，前面加 u，读作 wa，写作"哇"。

例如：你家在哪儿住哇？

她朗诵得真好哇！

你的主意真妙哇！

(3)前一音节末尾是 n 时，读作 na，写作"哪"。

例如：路上要注意危险哪！

(4)前一音节末尾是 ng 时，读作 nga，写作"啊"。

例如：你们赶快行动啊！

(5)前一音节末尾的韵母是-i[前]时，读作 za，写作"啊"。

例如：你去过北京几次啊？

(6)前一音节末尾的韵母是-i[后]和 er 时，读作 ra，写作"啊"。

例如：有什么事啊？

你们要去哪儿啊？

[语音训练]

一、变调练习。

拇指　理解　鼓掌　广场　勇敢　彩礼　水桶　本领

海军　演出　许多　早操　脸盆　党员　伟人　羽毛

法律　果树　解放　美术　宝贵　宝宝　奶奶　铲子

好产品　　手写体　　虎骨酒　　吕厂长

小老虎　　许小姐　　管理组　　跑百米

永远友好　　转眼两载　　岂有此理　　辅导小组

二、轻声练习。

作坊　庄稼　丈夫　钥匙　折腾　扎实　指甲　招牌　帐篷　稀罕

养活　爽快　晚上　学生　尾巴　疏忽　似的　上司　亲戚　生意

盘算　地方　暖和　牌子　能耐　骆驼　媒人　马虎　凉快　麻利

名堂　世故　星星　漂亮　亲家　窟窿　喇叭　累赘　篱笆　利落

交情　戒指　困难　阔气　眯缝　木匠　精神　快活　厉害　粮食

名字　脑袋　明白　模糊　苗条　痢疾　挑剔　招呼　委屈　张罗

三、儿化练习。

说"边儿"

　　这位南方来的同志一边儿走一边儿念叨着："东边儿、南边儿、北边儿……我们南方只说左边儿、右边儿，怎么北京这么多边儿？哎呀，王府井在哪边儿来着？哦，反正我哪边儿都没去过，我就东边儿、南边儿、北边儿都走它一趟，岂不逛得更痛快！"

四、语气词"啊"的音变练习。

1. 那个人原来是他呀！

2. 同学们啊，你们可要好好学习啊！

3. 这件事，我们永远也忘不了哇！

4. 行啊，大家继续唱啊。

5. 咱们可要实事求是啊！

6. 他写的毛笔字真好呀！

第七节　轻重格式

在汉语普通话及各方言中，由于词义和情感表达的需要，一个词语中的各个音节有着约定俗成的轻重强弱的差别，这就是词的轻重格式。我们将短而弱的音节称为轻，长而强的音节称为重。介于二者之间的称为中，也称为次轻。

掌握词语的轻重格式，可以更准确地表达词的意义，在句子和段落中运用轻重格式也可以使得所要表达的情感更自然、更清楚。词语的轻重格式虽然是约定俗成的，但不是绝对不变的，会受到不同语句目的及上下文语境的制约，所以在语流中我们经常会遇到原来的轻重格式被打破、被改变的情况。

在普通话中，双音节词的轻重格式有三种，其中中重格式最多。

一、双音节词的轻重格式

（一）中重格式

词汇	交通	节奏	时代	阅读	零钱	活动	家乡	体育	田野
航天	民族	史诗	跑道	投机	年轻	竣工	热爱	畅游	寒流
波浪	铁炉	大衣	谋生	地震	课堂	造福	树林	火车	爱国

（二）重中格式

界限	形象	重量	性质	情感	浪漫	古典	含蓄	素淡	父亲
工人	记者	规律	作品	气味	必然	人类	风气	北京	凄凉
宽容	干部	特色	人口	变化	节目	设备	动力	素材	涵养

（三）重轻格式

认识	街坊	清楚	活泼	凑合	作坊	名堂	盘算	头发	快活
称呼	打量	相声	故事	帐篷	甘蔗	思量	凉快	扁担	嘀咕
豆腐	体面	咳嗽	收成	状元	葡萄	热闹	差事	在乎	文凭

二、三音节词的轻重格式

(一)中中重格式

立交桥	白兰地	播音员	三字经	展览馆	抗生素	五一节
天安门	招待会	话务员	寄生虫	向日葵	年夜饭	甲骨文
研究所	交谊舞	尼古丁	流水线	潜台词	风景线	润滑油

(二)中重轻格式

做买卖	腮帮子	说笑话	找麻烦	癫蛤蟆	犯嘀咕	票贩子
小便宜	胡萝卜	糖葫芦	把兄弟	凑热闹	命根子	拉关系
牛脾气	山核桃	小姑娘	硬骨头	卖关子	背地里	明摆着

(三)中轻重格式

冷不防	犯不着	数不清	大不了	过不去	说得来	吃不消
蘑菇云	机灵鬼	芝麻官	裁缝铺	泡泡糖	差不多	势利眼
豆腐渣	狐狸精	功夫茶	俏皮话	走着瞧	拨浪鼓	窟窿眼儿

三、四音节词的轻重格式

四音节词的轻重格式与它的结构有关。

(一)中重中重格式

五光十色	花好月圆	奇装异服	枪林弹雨	根深蒂固
心平气和	年富力强	龙飞凤舞	张灯结彩	物美价廉
国泰民安	人杰地灵	旁征博引	标新立异	心驰神往

(二)重中中重格式

木已成舟	了如指掌	刻不容缓	喜出望外	身不由己
天伦之乐	前所未有	如虎添翼	词不达意	赤子之心
义不容辞	一扫而空	敬而远之	美不胜收	惨不忍睹

（三）中轻中重格式

老实巴交　　稀里哗啦　　清清楚楚　　大大方方　　迫不及待
说说笑笑　　叽里咕噜　　慌里慌张　　慢慢腾腾　　嘻嘻哈哈

第八节　语音的规范

普通话以北京语音为标准音，但普通话语音并不等同于北京语音。作为普通话规范标准的北京语音，是指北京话的语音系统，而不是北京话中每一个字的发音都是标准音。北京语音的声、韵、调及它们之间的配合关系是比较协调的。但是，北京语音内部的某些方面还存在不协调的现象，比如轻声和儿化，有的有区别意义的作用，有的只是一种习惯读法，没有区别意义的作用，有的读不读轻声、儿化不儿化都可以；再比如北京话里有许多词存在两读甚至多读现象，这些语音上的分歧，给人们学习普通话带来一定的不便，也不利于语言的规范化。因此，有必要对某些语音成分进行取舍与规范，使人们在学习普通话时有相对统一的标准。

一、轻声和儿化的规范

轻声和儿化是北京话里突出的语言现象，它们在语言表达上的作用主要有以下三种。

（一）有区别意义的作用

例如，"大意"不读轻声，表示"主要的意思"，读轻声表示"疏忽"；"东西"不读轻声是指方向"东和西"，读轻声是指"各种具体的或抽象的事物、人或动物"。又如，"画"和"画儿"读不读儿化，意思也不相同。

（二）没有区别意义的作用

例如，"算盘""云彩""西瓜""姐姐"，它们的第二个音节习惯上都读轻声，但没有区别意义的作用。再如，"圆圈儿""打鸣儿""走道儿"也是习惯上要读儿化。

（三）轻声与否、儿化与否皆可

例如，"因为""关系""毛病""父亲"等词的第二个音节可以读轻声，也可以不读轻声。再如，"开门""帮忙""口袋""锅盖"等词的第二个音节儿化不儿化也是两可的。

对于上述轻声和儿化的这三种情况，应区别对待。第一种凡是有区别意义作用的都应该掌握。第二种是虽然没有区别意义作用的，但已经成为一种习惯，而且被广泛应用，也应该掌握，因为这类词如果不读轻声或儿化，听起来就会比较生硬、不自然。第三种是轻声和儿化有两可情况的，可以不去掌握。

1. 容易读错的轻声词

爱人	巴掌	白净	帮手	棒槌	包袱	本事	比方	扁担	别扭	簸箕	补丁
部分	裁缝	财主	苍蝇	差事	柴火	称呼	畜生	凑合	耷拉	答应	打扮
打点	打发	打量	打听	大方	耽搁	耽误	道士	灯笼	提防	地道	地方
弟兄	点心	东家	东西	动静	动弹	对付	对头	队伍	耳朵	风筝	福气
盖子	甘蔗	干事	高粱	膏药	告诉	疙瘩	胳膊	工夫	功夫	姑娘	故事
寡妇	怪物	官司	规矩	闺女	含糊	行当	合同	和尚	红火	厚道	胡琴
糊涂	皇上	活泼	火候	护士	机灵	记号	架势	嫁妆	见识	将就	交情
结实	街坊	戒指	精神	咳嗽	客气	口袋	快活	懒得	浪头	老实	老爷
累赘	篱笆	里头	力气	厉害	利落	利索	痢疾	连累	凉快	溜达	麻烦
麻利	阔气	买卖	忙活	冒失	眉毛	媒人	门道	眯缝	迷糊	苗条	苗头
名堂	名字	明白	蘑菇	模糊	木匠	难为	脑袋	能耐	娘家	奴才	女婿
暖和	疟疾	牌楼	盘算	朋友	脾气	便宜	漂亮	婆家	铺盖	欺负	亲戚
勤快	清楚	亲家	热闹	人家	扫帚	商量	上司	烧饼	生意	石匠	实在
拾掇	世故	收成	首饰	舒坦	疏忽	爽快	思量	算计	岁数	挑剔	跳蚤
铁匠	妥当	挖苦	晚上	尾巴	委屈	稳当	我们	稀罕	媳妇	喜欢	吓唬
先生	乡下	相声	小气	心思	行李	兄弟	秀才	秀气	学生	学问	衙门
哑巴	胭脂	烟筒	眼睛	秧歌	养活	吆喝	妖精	衣服	衣裳	意思	应酬
冤枉	月饼	月亮	云彩	运气	在乎	早上	扎实	眨巴	栅栏	张罗	丈夫
帐篷	招牌	折腾	知识	主意	转悠	庄稼	壮实	状元	自在	祖宗	嘴巴
作坊	琢磨										

2. 容易读错的儿化词

药方儿	赶趟儿	香肠儿	瓜瓤儿	鼻梁儿	透亮儿	花样儿	抽空儿
酒盅儿	蛋黄儿	天窗儿	脖颈儿	提成儿	小瓮儿	果冻儿	门洞儿
胡同儿	小葱儿	牙刷儿	挨个儿	桑葚儿	合群儿	碎步儿	没谱儿
梨核儿	泪珠儿	有数儿	红包儿	灯泡儿	抓阄儿	栅栏儿	小熊儿

二、异读词读音的规范

同一个词有几个不同的读音就叫异读词。从语音角度分析，有以下四种情况。

(1)声母不同。

> 例如：机械 jīxiè—jījiè
>
> 玩弄 wánnòng—wánlòng
>
> 商埠 shāngbù—shāngfù

(2)韵母不同。

> 例如：熟练 shúliàn—shóuliàn
>
> 厚薄 hòubó—hòubáo
>
> 跃进 yuèjìn—yàojìn

(3)声调不同。

> 例如：古迹 gǔjì—gǔjī
>
> 复习 fùxí—fúxí
>
> 号召 hàozhào—hàozhāo
>
> 比较 bǐjiào—bǐjiǎo

(4)声、韵、调中两项或三项不同。

> 例如：奇数 jīshù—xíshù
>
> 巷道 hàngdào—xiàngdào
>
> 贝壳 bèiké—bèiqiào
>
> 供给 gōngjǐ—gōnggěi

对北京话里的这些异读词，国家普通话审音委员会经过三次审音，把异读词进行了统读，上面例子中左边的读音就是审定后的统读音。我们学习普通话，应该按统读音来读。

三、误读字的规范

学习普通话语音，除了要正确掌握普通话声、韵、调的准确发音及语流音变的规律，注意掌握异读词的读音，还要特别注意一些容易误读的字的读音。容易误读的字有以下三种情况。

(一)多音多义字带来的误读

具有两个或两个以上读音和意义的字叫多音多义字。普通话的常用字中有三四百个多音多义字,这些字的字形相同,但读音、意义和用法则不完全相同。

1. 由于意义、用法不同而读多音的

例如:wèi 因为　为了　为什么

　　　wéi 作为　为难　为人

　　　chǔ 处理　处分　处方

　　　chù 处处　处所　教务处

2. 由于书面音和口语音不同而读多音的

例如:xuè(书)血管　血压　血汗

　　　xiě(口)血淋淋　血晕

　　　bó(书)薄弱　厚薄　轻薄

　　　báo(口)薄脆　薄饼

3. 由于人名、地名读法和普通话读音不同而读多音的

例如:pǔ　朴实　朴素

　　　Piáo　朴(一种姓氏)

　　　bàng　河蚌　蚌子

　　　Bèng　蚌埠(安徽省的一个市名)

(二)由形声字及声旁类推带来的误读

由于文字及语音的演变,有的形声字的读音发生了变化,因此不能简单地确定或类推某一个字的读音。例如,把"獭"误读为 lài,"绽"误读为 dìng,"梏"误读为 gào;因为"喘"读 chuǎn,就把"湍"(tuān)、"惴"(zhuì)、"揣"(chuāi)等声旁相同的都误读为 chuǎn。

(三)由字形相近带来的误读

例如:肓 huāng 误读为 máng

　　　茸 qì 误读为 róng

汉字不是表音文字，字形和读音的联系不太紧密。因此，要读准发音，必须勤查字典、词典，只有这样才能辨析清楚每一个字、词的发音、意义和用法。

1. 容易读错的单音节字

窜 cuàn	鳗 mán	舔 tiǎn	绷 bēng	膜 mó	疚 jiù
孽 niè	膘 biāo	濒 bīn	戳 chuō	酋 qiú	陨 yǔn
簇 cù	幂 mì	漱 shù	框 kuàng	佟 tóng	瘸 qué
梗 gěng	挠 náo	韦 wéi	瞥 piē	粟 sù	邹 zōu
蛊 gǔ	龋 qǔ	泞 nìng	颌 hé	渍 zì	痤 cuó
绢 juàn	挫 cuò	狩 shòu	鬓 bìn	厩 jiù	舂 chōng
踮 diǎn	祛 qū	劣 liè	咎 jiù	昧 mèi	驯 xùn
荚 jiá	瞟 piǎo	吮 shǔn	梏 gù	拎 līn	辍 chuò
癖 pǐ	忖 cǔn	磬 qìng	裴 péi	斐 fěi	剖 pōu
撅 juē	跛 bǒ	淬 cuì	砾 lì	瓮 wèng	攥 zuàn
纂 zuǎn	缫 sāo	蹿 cuān	绺 liǔ	吠 fèi	憎 zēng
涮 shuàn	饷 xiǎng	坯 pī	髓 suǐ	胚 pēi	绌 chù
枉 wǎng	褶 zhě	捺 nà	滓 zǐ	冥 míng	褒 bāo
惩 chéng	踱 duó	绯 fēi	甫 fǔ	龚 gōng	秸 jiē
靳 jìn	揩 kāi	眶 kuàng	弦 xián	匹 pǐ	呕 ǒu
仆 pú	潜 qián	颈 qǐng	艇 tǐng	栖 qī	挟 xié
癣 xuǎn	穴 xué	灶 zào	獭 tǎ	舐 shì	镍 niè

2. 容易读错的双音节词

供给 gōngjǐ	生肖 shēngxiào	翘首 qiáoshǒu	症结 zhēngjié
散落 sànluò	当作 dàngzuò	炽热 chìrè	粳米 jīngmǐ
徇私 xùnsī	教诲 jiàohuì	匕首 bǐshǒu	号召 hàozhào
包庇 bāobì	潜力 qiánlì	比较 bǐjiào	确凿 quèzáo
矩形 jǔxíng	痉挛 jìngluán	乘车 chéngchē	纤维 xiānwéi
颈椎 jǐngzhuī	宁愿 nìngyuàn	请帖 qǐngtiě	即将 jíjiāng
供电 gōngdiàn	晕车 yùnchē	拘泥 jūnì	结婚 jiéhūn
笨拙 bènzhuō	脊梁 jǐ·liáng	载体 zàitǐ	应届 yīngjiè
应用 yìngyòng	沏茶 qīchá	压轴 yāzhòu	束缚 shùfù
逮捕 dàibǔ	粗糙 cūcāo	模样 múyàng	瓜葛 guāgé

混淆 hùnxiáo	卡壳 qiǎké	撇嘴 piězuǐ	眉头 méitóu
着落 zhuóluò	睥睨 pìnì	模型 móxíng	模具 mújù
处理 chǔlǐ	标识 biāoshí	哺育 bǔyù	谄媚 chǎnmèi
船舷 chuánxián	创口 chuāngkǒu	粗犷 cūguǎng	搭讪 dā·shàn
氛围 fēnwéi	风靡 fēngmǐ	巷道 hàngdào	横财 hèngcái
狡黠 jiǎoxiá	龟裂 jūnliè	恪守 kèshǒu	勉强 miǎnqiǎng
慰藉 wèijiè	恸哭 tòngkū	倾轧 qīngyà	悄然 qiǎorán
嫔妃 pínfēi	纰漏 pīlòu	泥淖 nínào	戏谑 xìxuè
肖像 xiàoxiàng	笑靥 xiàoyè	骁勇 xiāoyǒng	酗酒 xùjiǔ
赝品 yànpǐn	肄业 yìyè	伛偻 gōu·lóu	箴言 zhēnyán
与会 yùhuì	娱乐 yúlè	渲染 xuànrǎn	咆哮 páoxiào
剽窃 piāoqiè	栖息 qīxī	龋齿 qǔchǐ	倜傥 tìtǎng
猥亵 wěixiè	蒙骗 mēngpiàn	埋怨 mányuàn	抄袭 chāoxí
角色 juésè	嫉妒 jídù	呵欠 hē·qian	垂涎 chuíxián
碑帖 bēitiè	撇开 piē·kāi	府邸 fǔdǐ	铿锵 kēngqiāng

[语音训练]

朗读下列金句。

1. 中华优秀传统文化教育抓早抓小、久久为功、潜移默化、耳濡目染，有利于夯实传承中华优秀传统文化的根基。

2. 教育是国之大计、党之大计。培养什么人、怎样培养人、为谁培养人是教育的根本问题。育人的根本在于立德。

3. 要加强国家科普能力建设，深入实施全民科学素质提升行动，线上线下多渠道传播科学知识、展示科技成就，树立热爱科学、崇尚科学的社会风尚。要切实推进科教融汇，在教育"双减"中做好科学教育加法，播撒科学的种子，激发青少年的好奇心、想象力、探求欲，培育具备科学家潜质、愿意献身科学研究事业的青少年群体。

4. 孩子教育，跟植树一样，一开始就要竖正，否则就会长歪。

5. 重教尚学是中华民族世代传承的优良传统，是中华民族生生不息的内在动力。

第二章　关于普通话水平测试

第一节　普通话水平测试概述

普通话水平测试是在教育部、国家语言文字工作委员会的领导下，各省语言文字主管部门根据国家统一的测试大纲、测试标准和要求组织进行的一项国家级标准参照性考试。该测试通过检测应试人掌握普通话的规范程度和运用普通话的实际水平，认定其等级并颁发全国统一的普通话水平等级证书。它的着眼点是确定应试人的普通话水平等级，从而确定应试人是否达到工作岗位所要求的最低标准，既不是从中选择优秀者、淘汰差等生，也不是选拔性考试。所以，普通话水平测试是一种资格证书考试。开展普通话水平测试是促进普通话普及和提高的基本措施之一，也是使推广普通话工作走向制度化、规范化、科学化的重要举措。

一、普通话水平测试的内容和形式

普通话有口语和书面语两种系统，普通话水平自然能够通过"说"和"读"两种言语活动表现出来。普通话水平测试就从说、读两个方面入手，分为有文字凭借和没有文字凭借两种测试内容。考试内容有四项，一律采用口试的方式进行。

第一项：单音节字词（10分）。要求应试人读单音节字词100个（不含轻声，儿化音节），目的是测查应试人声母、韵母和声调读音的标准程度。

第二项：多音节词语（20分）。要求应试人读多音节词语100个，目的是测查应试人声母、韵母、声调和变调、轻声、儿化读音的标准程度。

第三项：朗读短文（30分）。要求应试人朗读一篇400字左右的短文，目的是测查应试人使用普通话朗读书面作品的水平，在测查声母、韵母、声调读音标准程度的同时，重点测查连续音变、停顿、语调以及流畅程度。

第四项：命题说话（40分）。要求应试人选取两个命题说话题目中的一个题目进行连续三分钟的说话，目的是测查应试人在没有文字凭借的情况下说普通话的水平，重点测查语音标准程度、词汇语法规范程度和自然流畅程度。

二、普通话水平测试的等级标准

普通话水平测试的等级标准共分三级，每级又划分为甲等和乙等。其具体的等级标准如下。

一级甲等：朗读和自由交谈时，语音标准，词汇、语法正确无误，语调自然，表达流畅。测试总失分率在3%以内，即97分及以上。

一级乙等：朗读和自由交谈时，语音标准，词汇、语法正确无误，语调自然，表达流畅。偶然有字音、字调失误。测试总失分率在8%以内，即92分及其以上但不足97分。

二级甲等：朗读和自由交谈时，声、韵、调发音基本准确，语调自然，表达流畅。少数难点音有时出现失误，词汇、语法极少有误。测试总失分率在13%以内，即87分及其以上但不足92分。

二级乙等：朗读和自由交谈时，个别调值不准，声、韵、调发音有不到位的现象，难点音较多，有较多失误，但方言语调不明显，有使用方言词、方言语法的情况。测试总失分率在20%以内，即80分及其以上但不足87分。

三级甲等：朗读和自由交谈时，声、韵、调发音失误较多，难点音超出常见范围，声调调值多不准，方言语调较明显，词汇、语法有失误。测试总失分率在30%以内，即70分及其以上但不足80分。

三级乙等：朗读和自由交谈时，声、韵、调发音失误较多，方言音特征突出，方言语调明显，词汇、语法失误较多，外地人听其说话有听不懂的情况。测试总失分率在40%以内，即60分及其以上但不足70分。

三、普通话水平测试的等级要求

国家有关部门对以普通话为工作语言的人员的普通话水平测试的等级要求如下。

(1)国家级和省级电台、电视台的播音员、节目主持人(包括记者、编辑从事播音主持工作的人员)应当达到一级甲等标准。

(2)其他电台、电视台的播音员、节目主持人和普通话语音教师应当达到一级乙等及以上标准。

(3)语文教师和对外汉语教师应当达到二级甲等及以上标准。

(4)一般教师应当达到二级乙等及以上标准。

(5)国家机关工作人员和从事公共服务行业(如商业、邮电、文化、铁路、交通、民航、旅游、银行、保险、医院等)直接面向公众的人员,要求达到三级甲等及以上标准。

第二节 普通话水平测试的应试技巧

普通话水平测试是一项以定量为主、定性为辅、量性结合的评分方式的考试。要想取得好的成绩,自身实力是前提,但在测试前做好充分的准备也是十分重要的,包括心理准备和应试技巧的准备等,可以起到事半功倍的效果。

第一,应试人要努力克服过于紧张的心理。有的应试人凡考试就紧张,这是一种不自信的表现。考生需要事先了解清楚所要参加考试的内容、形式、目的及要求等。普通话水平测试和其他考试最大的不同:一是考的是我们每天所运用的语言、所说的话,不考具体的语音理论知识,没有需要理解或死记硬背的东西,所以不会太难;二是我们在考前就基本知晓考试的内容、形式,特别是第三大题朗读作品和第四大题说话的题目。我们尽可以在考前很长一段时间就练习准备,所以不必过于紧张,只要认真准备,相信自己,并且一心一意专注于考试即可。

第二,应试人还要克服"无所谓"的态度。有的考生认为自己的普通话不错,考试前便不做任何准备,对普通话测试的内容、形式,特别是具体要求等一无所知却不闻不问,采取"无所谓"的态度。结果在考试过程中出了很多不该出的错,被扣了很多不该扣的分。普通话水平测试是量化计分,而且前三题全部由机器打分,发音不清晰、不到位是要被扣分的。如果失分多,即使你的普通话说得再好也有可能考得不理想甚至不合格。所以一定不能掉以轻心,要在考试前做好充分准备,了解清楚考试的形式、内容、要求以及具体的考试步骤。

下面分别从四项考试内容具体介绍考试要求及应对技巧。

一、读单音节字词

第一题的目的是测查应试人声母、韵母、声调读音的标准程度。所以朗读时就不能像平时说话那样含混,要读得清楚。读单音节字词时,应注意以下几点。

(1)语速不能太快,以免韵母或声调发音不到位,当然也不要太慢,音节与音节中间的停顿时间不要太长,避免超时。一共十行,要横着读,从左到右,一行接着一行,从上到下,一定不要隔行读。

(2)不能读成轻声或儿化，如"的"要读原调"dì"或"dí"，"块"不能读成"kuàir"。

(3)上声的调值要读到位，不能只读一半，如"好""走"，要读够214调值。

二、读多音节词语

第二题的目的是测查应试人声母、韵母、声调和变调、轻声、儿话读音的标准程度。所以在读准每个音节的声、韵、调的基础上，还要注意以下几点。

(1)词语末尾的音节如果是上声，一定要读出完整的214调值，不能只读一半。

(2)词语的第一个音节如果是上声或"一""不"时，一定要按照变调去读。

(3)双音节词语末尾是轻声时，一定要读得轻而短，不要拖长。轻声词以《普通话水平测试用必读轻声词语表》为准。该表中标注为轻声而未读成轻声的，判为错误；该表与《现代汉语词典》均未标注为轻声的，如读成轻声，判为错误；该表中未标注为轻声而《现代汉语词典》中标注为轻声的，读不读轻声均不算错误。

(4)读儿化一定要按照普通话儿化韵音变规则发音，切忌把三个汉字的双音节读成三音节，如"开花儿"要读成"kāihuār"，不能读成"kāihuāer"；也不要把没有儿化的音读成儿化，如"小车"(xiǎochē)读成"xiǎochēr"，就错了。儿化词以《普通话水平测试用儿化词语表》为准。该表中标注为儿化而未读成儿化的，判为错误；该表与《现代汉语词典》均未标注为儿化的，如读成儿化，判为错误；该表中没有标注而《现代汉语词典》中标注为儿化的，读或不读儿化均不算错误。

(5)注意多音节词语的轻重音格式。大部分的双音节词语的属于中重格式，轻声词属于重轻格式。

三、朗读短文

第四题的目的是测查应试人使用普通话朗读书面作品的水平。具体测查声、韵、调的发音，语流音变的把握及语调的准确与否，停顿是否得当和自然流畅程度。应试人应做到以下几点。

(1)提前熟读普通话水平测试中的50篇朗读作品，找出自己发音中容易读错的字反复练习，把握好停顿断句，尽量不出错或少出错，避免由于不熟悉作品带来的失误。

(2)朗读要忠实于原作品的内容，不要随意增读、漏读、改读。

(3)朗读过程中尽量不要回读，读错一两个字后就不要重读了。反复回读是要扣流畅分的。

（4）朗读时不要拖腔带调，遇到短文中的语气词、助词、方位词、趋向动词、叠音词、名词后缀等需要读轻声的词一定不要读得太重太长，要读得轻而短。

（5）朗读时不要一个字一个字、一个词一个词地读，要读得连贯、流畅、自然，避免因字化、词化或短语化带来的扣分；也不要过于慷慨激昂、感情充沛，以免出现感情运用不当带来的词不达意问题。

（6）朗读中句子末尾是三声（上声）音节时，不要读作完整降升调。

（7）注意必读轻声词和儿化音的读音，按要求去读。

四、命题说话

第四题的目的是考查应试人在没有任何文字凭借的情况下说普通话的水平，重点测查语音标准程度、词汇语法规范程度和自然流畅程度。命题说话的 50 个题目的内容是公开的，而且《普通话水平测试大纲》对说话的具体内容没有做硬性要求，应试人可以在考前做充分的准备。那么如何准备呢？我们从以下四个方面给出一些建议。

(一)命题说话不是作文

说话是一种口语表达，是一种自然状态的呈现，因此在考试中也要像平时说话一样平实、自然，不要刻意修饰。它和写作文是不同的，不要追求书面作文所要求的结构的完整和表达的详尽周密。力求口语化，句子短小，越简单说得越容易，越简单说得越好，还可以保证时间不超时。所以我们在准备的过程中，没有必要把每一个命题的内容都像作文那样写出来，反复读，反复背，结果上了考场说话成了背稿，一种朗读甚至朗诵的腔调，这体现不出口语的特点，也容易出现忘词或者由于语速过快造成说话时间不足等问题。我们可以先确定每一个命题要说的大概内容，考虑先说什么、后说什么、详说什么、略说什么、用什么样的方式来说等，也可以列出提纲，在此基础上展开说话内容。

(二)可尽量选择以叙述为主的表达方式

在 50 个命题中，有大半的命题属于记叙类。以叙述为主的表达方式，相对来说较简单容易。对于口语表达欠缺的应试人来说，说明类特别是议论类命题会稍难，往往刚说几句就觉得无话可说了。那么，我们在准备这些命题的时候，可以把议论类型变成以叙述为主，不妨在说话过程中多加入一些举例的内容，只要和命题有关的都可以从某一件事入手，展开议论。这样可以降低难度，使说话更顺畅一些。比如《对环境保护的认识》，可以谈环保的重要性、不注重环保会有怎样的危害，还可以谈谈自己会从哪些方面做起，其中可以举一些具体的事例，以扩大说话的范围，增强生动性，同时保证说话的时间。

(三)不能参考网上现成的发言材料或照搬同学用过的发言材料

本题有一扣分项是离题扣分，从 4 分起扣，最多扣到 6 分，包括雷同(和网上作品雷同、考生间说话内容雷同、和朗读短文雷同等)，所以不要走捷径。从网上下载一段说话材料或者拿同学考过的内容作为自己的说话内容只会造成更多的失分，得不偿失。

(四)保证有效语料的说话时间够 3 分钟

每缺时 20 秒扣 1 分。有的考生试图投机取巧，开始说话后就不断重复从计算机界面上看到的内容。他认为机器测试只要发出声音就可以，却不知最后一题是人工测试，出现这种情况一律按无效语料对待。有效语料的说话时间不足 30 秒，以 0 分计。

[命题说话题目]

(1)我的一天

(2)老师

(3)珍贵的礼物

(4)假日生活

(5)我喜爱的植物

(6)我的理想(或愿望)

(7)过去的一年

(8)朋友

(9)童年生活

(10)我的兴趣爱好

(11)家乡(或熟悉的地方)

(12)我喜欢的季节(或天气)

(13)印象深刻的书籍(或报刊)

(14)难忘的旅行

(15)我喜欢的美食

(16)我所在的学校(或公司、团队、其他机构)

(17)尊敬的人

(18)我喜爱的动物

(19)我了解的地域文化(或习俗)

(20)体育运动的乐趣

(21)让我快乐的事情

(22)我喜欢的节日

(23)我欣赏的历史人物

(24)劳动的体会

(25)我喜欢的职业(或专业)

(26)向往的地方

(27)让我感动的事情

(28)我喜爱的艺术形式

(29)我了解的十二生肖

(30)学习普通话(或其他方言)的体会

(31)家庭对个人成长的影响

(32)生活中的诚信

(33)谈服饰

(34)自律与我

(35)对终身学习的看法

(36)谈谈卫生与健康

(37)对环境保护的认识

(38)谈社会公德(或职业道德)

(39)对团队精神的理解

(40)谈中国传统文化

(41)科技发展与社会生活

(42)谈个人修养

(43)对幸福的理解

(44)如何保持良好的心态

(45)对垃圾分类的认识

(46)网络时代的生活

(47)对美的看法

(48)谈传统美德

(49)对亲情(或友情、爱情)的理解

(50)小家、大家与国家

普通话水平测试样卷

一、读单音节字词(共 10 分,限时 3.5 分钟)。

前	女	熊	块	曲	烦	炯	另	艘	床
伞	眉	醉	袜	羹	不	您	促	抬	准
枪	俘	仰	憎	熏	庞	粤	鸟	瞎	蕊
圣	神	搭	破	法	牌	苟	裙	赚	统
黯	激	跤	坠	朽	瘤	丝	劳	授	磕
蠢	塌	扰	条	蔑	丢	远	国	黄	你
梳	并	恩	海	磁	跌	景	摹	炒	章
攥	糟	匾	仄	巴	电	觅	硫	内	饶
萌	黑	我	甩	肉	临	日	虫	许	让
池	倦	抵	瓜	蹿	恐	雄	尖	而	韦

二、读多音节词语(共 20 分,限时 2.5 分钟)。

皇后	规模	年头儿	潦草	人民	指导	脉搏
矿区	软件	方针	有点儿	姑娘	曾经	品质
烹调	发展	儿童	旅行	纳闷儿	排球	剧场
压缩	结合	女王	一会儿	最初	快乐	赠送
夸奖	准备	采访	绝缘	窟窿	熊猫	面条儿
黑板	恰当	率领	漂亮	违反	窃听	询问
汹涌	收成	爱情	紫外线	视网膜	似是而非	

三、朗读短文(共 30 分,限时 4 分钟)。

盼望着,盼望着,东风来了,春天的脚步近了。

一切都像刚睡醒的样子,欣欣然张开了眼。山朗润起来了,水涨(zhǎng)起来了,太阳的脸红起来了。

小草偷偷地从土里钻出来,嫩嫩的,绿绿的。园子里,田野里,瞧去,一大片一大片满是的。坐着,躺着,打两个滚(gǔnr),踢几脚球(qiúr),赛几趟跑,捉几回迷藏(mícáng)。风轻悄悄的,草软绵绵的。

......

"吹面不寒杨柳风"，不错的，像母亲的手抚摸着你。风里带来些新翻的泥土的气息，混（hùn）着青草味儿，还有各种花的香，都在微微湿润的空气里酝酿。鸟儿将巢安在繁花绿叶当中，高兴起来了，呼朋引伴地卖弄清脆的喉咙，唱出宛（wǎn）转的曲子，跟轻风流水应和（yìnghè）着。牛背上牧童的短笛，这时候也成天嘹亮地响着。

雨是最寻常的，一下就是三两天。可别恼。看，像牛毛，像花针，像细丝，密密地斜织着，人家屋顶上全笼着一层薄烟（bóyān）。树叶儿却绿得发亮，小草儿也青得逼你的眼。傍晚时候，上灯了，一点点黄晕（huángyùn）的光，烘托出一片安静而平和的夜。在乡下（xiāng·xia），小路上，石桥边，有撑起伞慢慢走着的人，地里还有工作的农民，披着蓑，戴着笠。他们的房屋，稀稀疏疏的，在雨里静默着。

天上风筝（fēng·zheng）渐渐多了，地上孩子也多了。城里乡下，家家户户，老老小小，也赶趟儿似（shì）的，一个个都出来了。舒活舒活筋骨，抖擞抖擞精神，各做各的一份儿事去。"一年之计在于春"，刚起头儿，有的是工夫，有的是希望。

春天像刚落地的娃娃，从头到脚都是新的，它生长着。

春天像小姑娘，花枝招展的，笑着，走着。

春天像健壮的青年，有铁一般的胳膊和腰脚，领着我们上前去。

节选自朱自清《春》（选作时有改动）

四、命题说话（请在下列话题中任选一个，共 40 分，限时 3 分钟）。

1. 我的一天
2. 对环境保护的认识

朗读篇目及难点音指导

篇目 1

照北京的老规矩（guī·ju），春节差不多在腊月的初旬就开始了。"腊七腊八，冻死寒鸦"，这是一年里最冷的时候。在腊八这天，家家都熬腊八粥。粥是用各种米，各种豆，与各种干果熬成的。这不是粥，而是小型的农业展览会。

除此之外，这一天还要泡腊八蒜。把蒜瓣（suànbànr）放进醋里，封起来，为过年吃饺子用。到年底，蒜泡得色如翡翠，醋也有了些辣味（làwèir），色味双美，使人忍不住要多吃几个饺子。在北京，过年时，家家吃饺子。

孩子们准备过年，第一件大事就是买杂拌儿。这是用花生、胶枣、榛子、栗子等干果与蜜饯掺和（chān·huo）成的。孩子们喜欢吃这些零七八碎儿。第二件大事是买爆竹，特别是男孩子们。恐怕第三件事才是买各种玩意儿——风筝、空竹、口琴等。

孩子们欢喜(huānxǐ)，大人们也忙乱。他们必须预备过年吃的、喝的、穿的、用的，好在新年时显出万象更新的气象。

腊月二十三过小年，差不多就是过春节的"彩排"。天一擦黑儿，鞭炮响起来，便有了过年的味道(wèi·dào)。这一天，是要吃糖的，街上早有好多卖麦芽糖与江米糖的，糖形或为长方块(fāngkuàir)或为瓜形，又甜又黏(nián)，小孩子们最喜欢。

过了二十三，大家更忙。必须大扫除一次，还要把肉、鸡、鱼、青菜、年糕什么的都预备充足——店铺多数正月初一到初五关门，到正月初六才开张。

节选自老舍《北京的春节》(选作时有改动)

篇目2

燕子去了，有再来的时候；杨柳枯了，有再青的时候；桃花谢了，有再开的时候。但是，聪明的，你告诉我，我们的日子为什么一去不复返呢？——是有人偷了他们罢：那是谁？又藏在何处呢？是他们自己逃走了罢：现在又到了哪里呢？

去的尽管(jǐnguǎn)去了，来的尽管来着；来去的中间，又怎样地匆匆呢？早上我起来的时候，小屋里射进两三方斜斜的太阳。太阳他有脚啊(a)，轻轻悄悄地挪移了；我也茫茫然跟着旋转(xuánzhuǎn)。于是——洗手的时候，日子从水盆里过去；吃饭的时候，日子从饭碗里过去；默默时，便从凝然的双眼前过去。我觉察他去的匆匆了，伸出手遮挽时，他又从遮挽着的手边过去；天黑时，我躺在床上，他便伶伶俐俐地从我身上跨过，从我脚边飞去了。等我睁开眼和太阳再见，这算又溜走了一日。我掩着面叹息，但是新来的日子的影儿(yǐng'ér)又开始在叹息里闪过了。

在逃去如飞的日子里，在千门万户的世界里的我能做些什么呢？只有徘徊罢了，只有匆匆罢了；在八千多日的匆匆里，除徘徊外，又剩些什么呢？过去的日子如轻烟，被微风吹散了，如薄雾(bówù)，被初阳蒸融了；我留着些什么痕迹呢？我何曾留着像游丝样的痕迹呢？我赤裸裸来到这世界，转眼间也将赤裸裸的回去罢？但不能平的，为什么偏白白走这一遭啊(a)？

你聪明的，告诉我，我们的日子为什么一去不复返呢？

节选自朱自清《匆匆》(选作时有改动)

篇目3

我打猎归来，沿着花园的林阴(荫)路走着。狗跑在我前边。

突然，狗放慢脚步，蹑(niè)足潜(qián)行，好像嗅(xiù)到了前边有什么野物。

　　我顺着林阴(荫)路望去,看见了一只嘴边还带黄色、头上生着柔毛的小麻雀。风猛烈地吹打着林阴(荫)路上的白桦(huà)树,麻雀从巢(cháo)里跌落下来,呆呆地伏在地上,孤立无援地张开两只羽毛还未丰满的小翅膀。

　　我的狗慢慢向它靠近。忽然,从附近一棵树上飞下一只黑胸脯(pú)的老麻雀,像一颗石子似(shì)的落到狗的跟前。老麻雀全身倒(dào)竖着羽毛,惊恐万状,发出绝望、凄惨的叫声,接着向露(lòu)出牙齿、大张着的狗嘴扑去。

　　老麻雀是猛扑下来救护幼雀的。它用身体掩护着自己的幼儿……但它整个小小的身体因恐怖而战栗(lì)着,它小小的声音也变得粗暴嘶哑,它在牺牲自己!

　　在它看来,狗该是多么庞大的怪物啊(a)!然而它还是不能站在自己高高的安全的树枝上……一种比它的理智更强烈的力量,使它从那儿扑下身来。

　　我的狗站住了,向后退了退……看来,它也感到了这种力量。

　　我赶紧唤住惊慌失措的狗,然后我怀着崇敬的心情,走开了。

　　是啊(a),请不要见笑。我崇敬那只小小的、英勇的鸟儿,我崇敬它那种爱的冲动和力量。

　　爱,我想,比死和死的恐惧更强大。只有依靠它,依靠这种爱,生命才能维持下去,发展下去。

　　　　　　　　　　节选自[俄]屠格涅夫《麻雀》,巴金译(选作时有改动)

篇目 4

　　泰山极顶看日出,历来被描绘成十分壮观的奇景。有人说:登泰山而看不到日出,就像一出大戏没有戏眼(yǎn),味儿终究有点寡淡(dàn)。

　　我去爬山那天,正赶上个难得(dé)的好天,万里长空,云彩(yún·cai)丝儿都不见。素常烟雾腾腾的山头,显得眉目分明。同伴们都欣喜地说:"明天早晨准可以看见日出了。"我也是抱着这种想头(xiǎng·tou),爬上山去。

　　一路上从山脚往上爬,细看山景,我觉得挂在眼前的不是五岳独尊的泰山,却像一幅(fú)规模惊人的青绿山水画,从下面倒展开来。在画卷(juàn)中最先露(lòu)出的是山根底那座明朝建筑岱宗坊(fāng),慢慢地便现出王母池、斗(dǒu)母宫、经石峪。山是一层比一层深,一叠比一叠奇,层层叠叠,不知还会有多深多奇。万山丛中,时而点染着极其工细的人物。王母池旁的吕祖殿里有不少尊明塑,塑着吕洞宾等一些人,姿态神情是那样有生气,你看了,不禁(jīn)会脱口赞叹说:"活啦。"

　　画卷继续展开,绿阴(荫)森森的柏(bǎi)洞露(lòu)面不太久,便来到对松山。两面奇峰对峙(zhì)着,满山峰都是奇形怪状的老松,年纪怕都有上千岁了,颜色竟那么浓，浓得好像要流下来似(shì)的。来到这儿，你不妨(fáng)权当一次画里的写意人物，坐在路旁的对松亭里，看看山色，听听流水和松涛。

一时间，我又觉得自己不仅是在看画卷，却又像是在零零乱乱翻着一卷(juàn)历史稿本。

节选自杨朔《泰山极顶》(选作时有改动)

篇目5

北宋时候，有位画家叫张择端。他画了一幅(fú)名扬中外的画《清明上河图》。这幅画长五百二十八厘米，高二十四点八厘米，画的是北宋都城汴梁(biànliáng)热闹(rè·nao)的场面。这幅画已经有八百多年的历史了，现在还完整地保存在北京的故宫博物院里。

张择端画这幅画的时候，下了很大的功夫。光是画上的人物，就有五百多个：有从乡下来的农民，有撑船的船工，有做各种买卖(mǎi·mai)的生意(shēng·yi)人，有留着长胡子的道士，有走江湖的医生，有摆小摊(tānr)的摊贩，有官吏和读书人，三百六十行，哪一行的人都画在上面了。

画上的街市可热闹了。街上有挂着各种招牌(zhāo·pai)的店铺、作坊(zuō·fang)、酒楼、茶馆(guǎnr)，走在街上的，是来来往往、形态各异的人：有的骑着马，有的挑着担，有的赶着毛驴，有的推着独轮车，有的悠闲地在街上溜达。画面上的这些人，有的不到一寸，有的甚至只有黄豆那么大。别看画上的人小，每个人在干什么，都能看得清清楚楚。

最有意思的是桥北头的情景：一个人骑着马，正往桥下走。因为(yīn·wèi)人太多，眼看就要碰上对面来的一乘(shèng)轿子。就在这个紧急时刻，那个牧马人一下子拽住了马笼头(lóng·tou)，这才没碰上那乘轿子。不过，这么一来，倒把马右边的两头小毛驴吓得又踢又跳。站在桥栏杆边欣赏风景的人，被小毛驴惊扰了，连忙回过头来赶小毛驴。你看，张择端画的画，是多么传神啊(a)!

《清明上河图》使我们看到了八百年以前的古都风貌，看到了当时普通老百姓的生活场景。

节选自滕明道《一幅名扬中外的画》(选作时有改动)

篇目6

不管我的梦想能否成为事实，说出来总是好玩儿的。

春天，我将要住在杭州。二十年前，旧历的二月初，在西湖我看见了嫩柳与菜花，碧浪与翠竹。由我看到的那点春光，已经可以断定，杭州的春天必定会教（jiào）人整天生活在诗与图画之中。所以，春天我的家应当是在杭州。

夏天，我想青城山应当算作最理想的地方（dì·fang）。在那里，我虽然只住过十天，可是它的幽静已拴住了我的心灵。在我所看见过的山水中，只有这里没有使我失望。到处都是绿，目之所及，那片淡而光润的绿色都在轻轻地颤（chàn）动，仿佛要流入空中与心中似（shì）的。这个绿色会像音乐，涤（dí）清了心中的万虑。

秋天一定要住北平。天堂是什么样子，我不知道，但是从我的生活经验去判断，北平之秋便是天堂。论天气，不冷不热。论吃的，苹果、梨、柿子、枣儿（zǎor）、葡萄，每样都有若干种。论花草，菊花种类之多，花式之奇，可以甲天下。西山有红叶可见，北海可以划船——虽然荷花已残，荷叶可还有一片清香。衣食住行，在北平的秋天，是没有一项不使人满意的。

冬天，我还没有打好主意（zhǔyi），成都或者相当地合适，虽然并不怎样和暖，可是为了水仙，素心腊（蜡）梅，各色的茶花，仿佛就受一点儿寒冷，也颇值得去了。昆明的花也多，而且天气比成都好，可是旧书铺与精美而便宜（pián·yi）的小吃远不及成都那么多。好吧，就暂这么规定：冬天不住成都便住昆明吧。

在抗战中，我没能发国难财。我想，抗战胜利以后，我必能阔起来。那时候，假若飞机减价，一二百元就能买一架的话，我就自备一架，择黄道吉日慢慢地飞行。

节选自老舍《"住"的梦》（选作时有改动）

第三章　口语表达的基础技能

第一节　发声技能

口语不同于书面语的一个重要特征就是"以声传情"。语音中声调的阴阳上去，语调的抑扬顿挫，语速的急缓张弛，都可以传递出不同的信息，抒发不同的思想感情。口才的艺术，在极大程度上就是语音的艺术；说话的效果，在极大程度上就是说话者运用其声音征服听众的效果。口语表达除了要求发音正确、清楚、响亮，还应当有表现力和感染力，这样才能增强口语的表达效果。说话要讲究声音的美，清晰圆润、字正腔圆。所以，要想学好口语表达，应该刻苦锻炼自己的声音，掌握一些发声技巧。

一、教师语言对声音的基本要求

声音是信息的载体，经人的听觉抵达人的神经中枢语言处理系统，最后转化为人的理解与认识。只有高质量的声音，才便于人的大脑接受、处理信息。口语表达对声音的要求有以下几个方面。

(一)清晰、准确

教师在讲课中要想让学生听得明白、听得真切，就要把话音发准、发对，做到口齿清晰，避免含混不清。要想做到发音清晰、准确，主要应从以下几个方面着手。

1. 发准 21 个声母

掌握其发音部位和发音方法，适度用力，增加清晰度，如发"d、t"时舌尖要向上用力抵住上齿龈；发"j、q、x"时舌面前部要抵住硬腭前端，不要发成舌尖上抬抵住硬腭前端而形成的"尖音"；发"n、l"时要注意发音方法的不同，不要混淆。

2. 发准 39 个韵母

不仅要分清前后鼻音，而且要注意打开口腔，注意发音的动程和韵尾的归音，使字音饱满清晰，如不要把"un"读成"ong"，不要把"刮风"读成"瓜分"。

3. 发准四个声调的调值

一声要高且平；二声要直上，不要拐弯；三声要注意变调的位置；四声要降下来。发准四个声调的调值，才能使句子听起来抑扬顿挫，非常鲜明。

4. 努力消除方言语调的影响，避免在表达中受到方言的干扰

（二）明亮、圆润

圆润悦耳的声音能使听者感到舒适、愉悦，反之则会让人感到不适、不安。声音太小，气息太弱，别人听不清楚；声音太大，气息太强，容易产生噪声，引起听者的听觉疲劳。明亮、圆润的声音，响度大小适中，字正腔圆，使人听得愉悦，为此我们要注意以下几点。

1. 音量适中

自己说话要能够让自己听见，声音太小就有意提高音量，声音太大则适当降低音量。

2. 通过练习改善音色

女生说话要尽量用气发声，充分打开口腔，可以经常念"u"韵母的音，以克服说话声音单薄、不够圆润的问题。男生说话声音往往低沉浑浊，可经常发"i"韵母的音，与其他各种韵母配合练习。

3. 培养良好的发声习惯

朗读优美、豪迈的抒情作品，高声歌唱旋律高亢明快的歌曲，注意克服调值不到位、韵母发音时口腔打不开等不良的发音习惯，努力让自己的声音圆润、饱满。

（三）语调富有变化

语调就是说话的腔调。表达者根据表情达意的需要，结合年龄、文化、气质、修养等各方面的因素，在进行口语表达时，声音或快或慢，或高或低，或急或缓，或一气呵成，或一字一顿，形成了各种各样的语调。

语调包括停顿、轻重、快慢和升降等。正因为语调的多种变化，人才能用说话的声音表达各种委婉、复杂、细致、微妙的思想感情，所以说话要讲究语调。我们可以通过朗读对语调进行训练。

二、如何获得良好的声音效果

声音的质量，除了受说话的内容，以及说话者的情绪、动机等因素的影响，还取决于人呼出气流的强弱，声带的松紧、厚薄，口腔的大小，等等。所以，发声训练要重视气息控制和声音的清晰度、响度与语调等方面。

(一)掌握正确的呼吸方法

自然状态的呼吸，只能满足自然状态的语言发音所用。如果面对众人说话，特别是场地较大、人数较多的时候，就要加大音量，加强说话的气势。要想发出有穿透力的声音，自然呼吸的气流就远远不够了，必须改进呼吸方式。

人的呼吸是由呼吸道、肺、胸廓和相关肌肉、横膈膜以及腹部肌肉一起完成的。自然状态的呼吸法有两种。一是胸式呼吸法，主要靠胸部上端来支撑。吸气时，横膈膜下降程度较少，腹肌不能有效参与，没有明显波动，只是胸部略往上提。呼气时，也只是放松肌肉，恢复原状。这种呼吸方法，由于吸气量小、气息浅，发高音时会显得"中气不足"，容易造成喉头和颈部肌肉的紧张，发出的声音干瘪，缺乏弹性。二是腹式呼吸法，主要靠横膈膜的下移来完成。呼吸时，横膈膜上下移动，小腹鼓起和收缩。这种呼吸法吸气量大，呼气发声时呼出量也较多，但由于得不到胸部肌肉的配合，声音显得深、厚、重、沉，不容易产生洪亮的音色。

较为理想的呼吸方式是胸腹联合式呼吸。这种呼吸方式不是简单的胸式呼吸加腹式呼吸，而是指胸、腹所有呼吸器官都参与呼吸运动，使胸廓、横膈膜及腹部肌肉控制呼吸的能力得到合作，不仅扩大了胸廓的前后径，而且扩大了胸腔的上下径，因而能够吸入足够的气息，气息的容量较大。这种呼吸法既有利于控制气息，也有利于用气发声，能取得较好的发声效果。

(二)加强对共鸣的控制

声带振动后发出的声音是很微弱的，只有通过共鸣才能得到扩大和美化。共鸣在提高发声能力方面和改善声音质量方面起着重要的作用。人体有天然的共鸣腔体，直接对声音起共鸣作用的是声带上方的喉腔、咽腔、口腔、鼻腔、胸腔、前额、两颧等部分。除鼻腔外，构成声道的各腔体的形状、大小都是可以变化的，这就形成了声音的多样性。

在口语表达中，主要运用口腔共鸣，以胸腔共鸣为基础，略带一点鼻腔共鸣的方式。这样的共鸣方式，使得声音既圆润丰满、洪亮浑厚，又朴实自然、清晰真切。

共鸣的要领有以下几点。

1. 扩大共鸣腔

尽量张大嘴说话，不能咬着牙发音。口腔、咽腔、舌头放松，喉头处于吸气位置，整个发声通道畅通无阻，就可以获得最大限度的共鸣。

2. 控制舌头

舌头的伸缩可以改变口腔的形状，对共鸣产生重要的影响。

3. 要想取得良好的共鸣，须使整个声道部分均衡协调，不憋不挤

颈部、脊背自然伸直，胸部放松，喉头自然放松。这样才能发出明亮、圆润的声音。

(三)锻炼吐字归音的能力

吐字归音是我国传统戏曲唱法中对吐字方法的一种概括，是指对字头、字腹、字尾的完整处理过程。这三部分分别被称为出字、立字、归音。

1. 出字

出字是指声母和韵头(介音)的发音，要求咬紧字头，做到准确有力，叼住弹出。

2. 立字

立字是指韵腹(主要元音)的发音，要求拉开立起，圆润饱满。

3. 归音

归音是指韵尾的发音收尾，要求趋向鲜明，弱收到位，干净利索。这就形成了吐字归音的"枣核形"，这样发出的声音准确清晰、圆润有力。

(四)锻炼发声的协调性

发准字音后，还必须掌握语流中的各种语音变化，如轻声、儿化、变调等，这样才能掌握自然、灵活的语音。可以通过朗诵和唱歌来协调语流中各个音节的发音的变化，逐步发出自然流畅的声音，最终取得良好的发声效果。

三、嗓音保健

嗓子，即声带的俗称。声带在说话中起着重要的作用。如果声带充血、发炎，则会造成声音嘶哑，从而影响发声效果。要科学地用嗓和护嗓，以下做法可供参考。

(1)注意保持咽喉的清洁和湿润。可以常用胖大海泡水喝，对预防咽喉炎、缓解声带充血有帮助。

（2）养成良好的生活习惯，睡眠不足容易使声带疲劳，要节制烟酒，少吃咸辣或过冷、过烫的食物，以避免对喉咙造成刺激。

（3）注意调节教师的心理状态。嗓音的好坏、发声的负荷强度，与教师的心理状态有密切的关系。所以教师应热爱本职工作，热爱学生，注意控制自己的情绪，避免因一时冲动对学生进行声嘶力竭的训斥。

（4）如果出现咽喉肿痛、声带充血或声音嘶哑的情况，则应暂时少用声或不用声，并进行消炎治疗，避免过度刺激导致病症加重、病程加长或转为慢性咽炎。

相当一部分人的慢性咽炎、喉炎是用声方法不当造成的。因此，教师应当掌握科学的用声方法，特别注意选择自己自如声区中的最佳音域和最佳音量，在自然发声状态的范围内用嗓。对嗓音疾病应采取预防为主的方针，从日常做起，养成良好的用声和生活习惯，有助于降低嗓音疾病的发生风险。

[技能训练]

一、吸气训练。

1. 深吸气练习。要求气息下沉，小腹微收，将气吸入肺底；鼻吸口呼，急吸慢呼，深吸缓呼，体会呼吸状态。

2. 模拟闻花香练习。要求从容如闻花香一样用力吸气，体会两肋张开的感觉，控制一两秒钟，再缓缓呼出；反复做，体会气息被控制的感觉。

二、呼气训练。

1. 模拟练习。模拟吹桌面上的灰尘，要求气息均匀而缓慢地呼出。呼气时间逐渐延长，达到25～30秒，体会控制气息的感觉。

2. 数数练习。一口气从1数到30，一口气数25个葫芦。要求声音规整、圆润，不感到挤压、力竭，体会随着用气时间的延长，调节呼吸的快慢、强弱。

3. 练唱舒缓、抒情的歌曲，锻炼随旋律乐句延长呼气发声的能力。

三、共鸣训练。

1. 发单韵母 a、o、e、i、u、ü 的延长音，体会上下贯通的共鸣感觉。

2. 用较低的声音发 ha 音，声音不要过亮，降低音高，提高音量，体会胸腔共鸣。

3. 分组训练下列词语。

(1)女生练习下列含有 a 音的词。

沙发　回家　茶花　大马　计划　到达　自发　出嫁

(2)男生练习下列以 m、n 开头的词。

暮年　满年　木楠　明年　模拟　闽南　默念　磨难

4. 绕口令练习。

(1)村里有个顾老五，穿上新裤去卖谷。

卖了谷，买了布，外加一瓶老陈醋。

肩背布，手提醋，老五匆忙来赶路。

走了一里路，看见一只兔。

老五放下布和醋，糊里糊涂去追兔。

剐破了裤，没追上兔，回来不见了布和醋。

(2)老毕篱下脱坯，老季窗西喂鸡。

老毕脱坯怕碰跑了老季的鸡，老季喂鸡怕碰坏了老毕的坯。

老毕顾及老季，老季顾及老毕。

老季喂好鸡没碰坏老毕的坯，

老毕脱完坯没碰跑老季的鸡。

四、吐字归音训练。

1. 口部操练习。一是双唇阻住气流，然后突然放开，爆发出 b 音或 p 音；二是双唇紧闭，用力噘嘴，嘴角后拉，交替进行；三是双唇紧闭，撮起，向上、向下，向左、向右，交替进行；四是双唇紧闭，撮起，左转 360 度，右转 360 度，交替进行。

2. 舌练习。一是刮舌面，舌尖抵住下齿背，舌中纵线部位用力，用上门齿刮舌面，将嘴撑开；二是舌尖与上齿龈用力接触，突然打开，爆发出 d、t 音；三是舌根用力抵住软腭，阻住气流，突然打开，爆发出 g、k 音；四是舌的力度练习，闭上双唇，舌尖顶住左右内颊，交替进行，再紧闭双唇，舌在唇齿之间左右环绕，交替进行；五是弹舌，用舌尖连续弹上齿，使舌部放松。

3. 绕口令练习。

八百标兵奔北坡，

炮兵并排北边跑。

炮兵怕把标兵碰，

标兵怕碰炮兵炮。（b、p）

调到敌岛打特盗，

特盗太刁投短刀。

挡推顶打短刀掉，

踏盗得刀盗打倒。（d、t）

哥挎瓜筐过宽沟，

赶快过沟看怪狗。

光看怪狗瓜筐扣，

瓜滚筐空哥怪狗。（g、k）

老农恼怒闹老龙，

老龙恼怒闹老农。

农怒龙恼农更怒，

龙恼农怒龙怕农。（n、l）

第二节　朗读技能

一、朗读与教师语言的关系

朗读在整个教师语言的训练中起着承上启下的作用。普通话语音中的声、韵、调的内容和发声技能训练中的用气发声、共鸣控制、吐字归音等技能，在朗读训练中都可以进行实践，加深理解，逐步融会贯通。同时，朗读训练又是口语表达训练的基础，是教师职业语言训练的开始。教师语言的表达是一个复杂的过程，是集规范性、知识性、创造性、艺术性于一体的技能，必须循序渐进，逐步提高。而朗读，就是把作品的书面语转换为有声语言，这种转换因为有文字为依托，相对于无文字依托的语言表达要容易一些，便于开口，所以在进行语言表达训练前，有必要进行朗读训练。

朗读同说话一样，都是"以声传情"。朗读中的正音辨调、表情达意等技能，也是教师语言表达的基本功，以朗读为口语表达训练的开始，可以起到事半功倍的效果。朗读也是教师在教学中处理教材、营造课堂气氛甚至提供朗读示范等最常用的手段，所以师范生要重视朗读训练。

二、朗读的作用

(一)朗读有助于普通话的学习

朗读作品的内容涵盖了普通话声、韵、调、语流音变的所有内容，进行朗读训练可以帮助学生"正音""练声""练耳"，提高学生的"用声"水平。

（二）朗读有助于培养良好的语感

文章中词语的选择、词义的理解、句子的规范使用、语言风格的把握都是培养良好语感必不可少的内容，所有这些都可以通过朗读在朗读者头脑中留下印象。长期的朗读训练可以使学生养成良好的语言表达习惯，包括停连（停顿和连接）、轻重的正确运用，语气、语调的准确把握等。

（三）朗读有助于对作品的深入理解

在朗读时，我们将由视觉接收的书面语言转化为通过听觉获取的有声语言。作品内容能够深入人们的脑、眼、耳中，使人的大脑、视觉神经和听觉神经共同受到刺激，加深对作品的理解。古人云："读书百遍，其义自见。"这也说明反复朗读对理解作品有显著的作用。

（四）朗读有助于口语表达能力的提高

学生进行朗读训练既可以积累词汇，逐步培养口语表达的规范意识，又能够从优秀的文字作品中汲取丰富的营养，提高讲述能力，为综合表达能力的提高奠定良好基础。

三、朗读的基本要求

何谓朗读？朗读就是用普通话把文章或文学作品准确、流畅、有感情地读出来。

"准确"包括声韵调正确，音变符合规律，以及不加字、不减字、不改换字、不颠倒字词，词语的轻重格式恰当，句子结构分明等；"流畅"指语流连贯、通畅，不重复、不磕巴、停连恰当等；"有感情"则是指朗读者从作品中体会到的文章作者在其中蕴含的感情。优秀的朗读者一定会对作者在作品中蕴含的感情有自己深刻而独特的体会。我们要发挥自己的主观能动性，发掘出作品中饱含的具体而细微的思想感情及其变化，真切而生动地、有感情地朗读作品。

无须念字式、念经式朗读，也无须演戏式朗读。朗读者只是以自己的身份讲述作品中的人、事、理，评述作品中人物的是与非。朗读的过程，也是一个以声传情、创造性地再现原作的过程。

四、朗读的要领

（一）掌握朗读内容

理解和掌握朗读内容，认真阅读材料，充分理解和把握作品的思想内容，具体包括熟读作品，理解和把握作品的主题思想、基本结构、基本特点；掌握字音的准确读法，理解作品中字、词、句的含义，弄懂词与词之间、句与句之间、段与段之间的关系；有时还需要通过对作者的生平、写作背景、创作意图的了解，加深对作品的理解。熟悉作品是朗读成功的基础。

（二）明确朗读目的

朗读者在朗读前，必须明确自己通过朗读要获得什么样的效果。比如，语文教师朗读课文，其目的就是通过朗读，让学生熟悉课文，注意重点的字、词、句、段，还要掌握文章的结构，理解文章的意境，等等。不同的朗读目的，决定着朗读者对朗读设计的选择。只有明确了朗读目的，才能获得良好的朗读效果。

实现朗读目的的根本在于朗读愿望，而朗读愿望产生于对作品内容的理解、分析和感受，特别是对作者写作目的的正确认识和深刻体会。只有目的明确，我们的态度、感情才能在声音中自然流露出来。"鲜明的态度、真实的感情，是朗读中的灵魂。"

当代著名女作家毕淑敏曾写过一篇题为《孝心无价》的散文。这篇散文涉及的是求学的苦孩子和离家的游子两类人，由此引出"行孝"这一平常而又深刻的话题。编者相信每一个赤诚忠厚的孩子，都曾在心底向父母许下"孝"的宏愿。但作者向我们揭示了一个残酷的现实：人生是短暂的，生命本身会有不堪一击的脆弱，或许等到功成名就、衣锦还乡的那一天，父母早已带着对我们深深的挂念离开了人世。这样，我们将永远无以言孝。全文感情真挚，语言朴实，形象化的语言和哲理性的议论融为一体，相得益彰。

朗读的目的和作者的写作目的有相同之处，但不同年龄、不同职业、不同心境的人朗读时的感受是不一样的。朗读者既要把作者的态度、感情再现出来，又要把自己的朗读态度、内心情感加以表露。爱的真正内涵，不仅仅是要爱老人，爱自己，还要爱我们的下一代，即爱老、爱我、爱幼的综合体现。只有这样才能将孝心无价真正体现出来并继承下去。这也是我们对这篇散文产生朗读愿望的真正原因。有了强烈的朗读愿望，才能真正实现朗读的目的。

（三）分清朗读对象

听众是有血有肉、有情绪、有反应的。听众的情绪反应，取决于朗读的内容和朗读者的表达水平，体现在听众的表情和整体的情绪波动上。朗读者除要研究作品，确定朗读目的外，还必须对朗读对象有所了解，具体包括对听众的年龄结构、文化层次、心理特征、情感取向等方面的了解，做到心中有数，以此确定朗读目的、朗读技巧及表情、动作的具体运用。

苹果里的星星

［美］迪恩·帕金斯

一个人的错误，有可能侥幸地成为另一个人的发现。

儿子走上前来，向我报告幼儿园里的新闻，说他又学会了新东西，想在我面前展示。

他打开抽屉，拿出一把还不该他用的小刀，又从冰箱里取出一只苹果，说："爸爸，我要让您看看里头藏着什么。"

"我知道苹果里面是什么。"我说。

"来，还是让我切给您看看吧。"他说着把苹果一切两半——切错了。我们都知道，正确的切法应该从茎部切到底部窝凹处。而他呢，却把苹果横放着，拦腰切下去。然后，他把切好的苹果伸到我面前："爸爸，看哪，里头有颗星星呢。"

真的，从横切面看，苹果核果然显出一个清晰的五角星状。我这一生不知吃过多少苹果，总是规规矩矩地按正确的切法把它们一切两半，却从未疑心过还有什么隐藏的图案我尚未发现！于是，在那么一天，我的孩子把这消息带回家来，彻底改变了冥顽不化的我。

不论是谁，第一次切"错"苹果，大多仅出于好奇，或疏忽所致。我深深触动的是，这不为人知的图案竟具有如此巨大的魅力。它先从不知什么地方传到我儿子的幼儿园，接着便传给我，现在又传给你们大家。

是的，如果你想知道什么叫创造力，往小处说，就是苹果——切"错"的苹果。

这是一则哲理故事，朴素的语言、父子间平实的对话、奇特的情节，都说明一个哲理：创造力从小事而来，心无旁骛的小孩子能发现成人觉得不可思议却存在的真理。故事讲给不同年龄段的人听，会引发不同的感触。

(四)把握朗读技巧

1. 确定朗读基调

一篇作品在思想内容、风格样式等方面，都应有较为统一的情调，即作品的基调。而朗读基调与作品基调大致相当，它应该是作品的"情"与朗读的"声"的和谐统一。作品基调一般有欢快、庄严、赞颂、祈愿、哀怨、痛惜等类型，每种基调都有深浅强弱之分，是各种复杂细腻情感的综合体现。因此，一定要反复体会原作，最后确定朗读的基调。

以下是朗读的几种基调类型。

欢快型——语调轻快、欢畅

庄严型——语音沉着，坚实有力

赞颂型——高昂、爽朗

舒缓型——有扬有抑，语音舒展自如

低沉型——以抑为主，语音缓慢

2. 品味重点词句

具体研究某一段、某一句甚至某些词语怎样读，特别是要抓住重点段、重点句、重点词语，朗读者需要细心体味，反复揣摩，突出重点。遇到作品的"文眼""诗眼"，应特别用情、造情。只有这样，才能达到朗读过程中波澜起伏，有山地有平川的效果，给听众留下深刻印象。

3. 学会正确运用朗读的外部技巧

(1)语气、语调的运用。语气，是指朗读中支撑声音的"气息状态"，即思想感情。语调，是指外在的声音形式，即快慢、高低、强弱、虚实等各种声音形式的总和。语气、语调是口语特有的一种表达手段，主要起着传情达意的作用。

朗读时，朗读者的感情、气息、声音状态有着密切的联系。有什么样的思想感情，就会有什么样的气息；有什么样的气息，就会有什么样的声音状态。语气、语调运用的一般规律如下所示。

喜——气满声高

悲——气沉声缓

爱——气缓声柔

恨——气足声硬

急——气短声促

怒——气粗声抖

静——气舒声平

冷——气少声淡

朗读时，只有思想感情千变万化，才会有气息的千差万别，也才会有语调的千姿百态。朗读中的语调不是一成不变的，而是随着情感的变化，呈现出"曲折性"的特点。

（2）停连的运用。停连是指朗读语流中声音的停顿和连接。朗读中，短句可以一口气读完，遇到长句或者几个句子，中间要有适当的间歇。停顿，不仅是人们生理上换气的需要，更是表情达意的需要。

口语表达中如果不会合理安排停顿，语速过快，就会影响人们对作品内容的理解。停顿错误还会引起误解和歧义。

朗读作品中的标点符号，是朗读者停连的重要参考，但不能完全受标点符号的制约，没有标点符号的地方，有时也需要停顿；有标点符号的地方，有时则需要连接。停连有强调停连、语法停连和气息停连，特别要重视强调停连。

（3）重音的运用。朗读时，为了强调或突出某个词、短语，甚至某个音节而读得重些，把这些重读的成分称为重音。重音有语法重音和强调重音。重音是体现语句目的的一种重要手段。重音在语句中的位置不是固定的。朗读时，朗读者必须区分句子中哪些词是主要的，哪些词是次要的。一个独立完整的句子，只能有一个主要重音。重音不一定非得"加重声音"。突出重音的方法有很多种，可以通过加重音来强调，即"重锤重读"，也可以轻读、拖长；可以快中显慢，还可以低中见高、实中转虚、连中有停等。

中国台湾地区的畅销书作家林清玄写的《心田上的百合花开》，通篇用拟人的手法，通过层层衬托，塑造了一个充满灵性、充满智慧的野百合的形象。野百合的遭遇具有人生奋斗的典型意义：一个人社会价值的实现，可以通过"以花来证明"这样充满象征意义的方式实现。作品展现的是作者追求做人的最高境界：以清净心看世界，以欢喜心过生活，以平常心生情味，以柔软心除挂碍。

朗读时，全文的基调是高昂、爽朗的，多处用重音来体现野百合坚强的信念，要用坚定的语气、语调读出野百合不屈不挠的性格特征，如"我要开花，我要以花作证""不管有没有人欣赏，不管你们怎么看我，我都要开花"。朗读者通过朗读，让自己和听众都能从中得到一定的启发与安慰，思想得到提升。

五、不同体裁作品的朗读

在选取朗读材料时，大家通常对诗歌、散文情有独钟。下面重点介绍诗歌和散文的朗读要领。

（一）诗歌的朗读

说到朗读，人们首选诗歌，因为诗歌感情丰富、意境优美、语言精练、音韵和谐、富有韵味。朗读诗歌，就要把诗歌的韵味读出来，需要把握以下几点。

1. 深入体味，力求读出诗歌的意境

所谓意境，就是通过形象、画面体现出来的富有某种情调的境界或氛围，是诗歌的思想感情和它所描绘的生活画面。朗读者需要借助联想、想象，全身心投入到诗歌的意境之中，如此方能读出诗歌要表达的思想感情。

2. 把握节奏，读出韵律感

诗歌讲究节奏和韵律。节奏体现了诗人的情怀，表达了诗人的思想感情。朗读时，要把握好诗歌的音步，即诗句中语音停顿的单位。如五言诗为三个音步：大漠—孤烟—直，长河—落日—圆。七言诗为四个音步：长风—破浪—会—有时，直挂—云帆—济—沧海。现代诗的音步大小不一，跨度不一，诗句在延续过程中会产生错落有致的节奏。至于音步的速度和停顿的时间，要视诗歌的内容和风格而定。

3. 关注韵脚，读出音韵美

诗歌的一个重要特点是押韵，在朗读时要通过诗行韵脚的一致性，读出整首诗和谐的音韵美。读格律诗时，还要注意音步间的平仄音位关系。

（二）散文的朗读

散文是写人、记事、绘景、状物的文章，其特点主要是"形散神聚"。无论写人、记事，还是绘景、状物，都要表达一定的思想感情。所以散文朗读要抓住这一特点。朗读散文时需要注意以下几点。

1. 要突出主要线索

只有明确了线索，朗读才能做到语气贯通、脉络分明。不能只机械地抒情，或者只把重心放在抒情或议论的句子上，形成情感上的大起大落。

2. 要读出散文的立意

散文的立意一般是通过作品中对人、事、景、理的具体描述展现出来的。我们常说的"情景交融"中的"情"大概就是立意所在，即散文中具有"画龙点睛"作用的"点题句"或"文眼"之处。读时不要刻意提高音量或故作多情，而是要在不知不觉中使听者受到立意的感染。

3. 要读出散文的细腻之处

散文常常通过细致的叙述与描写表现作者的思想感情。朗读者在读散文时要深入体味，准确表达。叙事部分要读得舒展，描写部分要体现真实图景，议论抒情要自然，不要刻意突出。人物描写不必模拟各个人物的音容笑貌，只需注意人物的性格特征，在自己声音范围内稍加变化语气即可。

[技能训练]

一、诗歌朗读练习，注意通过速度、节奏、轻重音的变化，体现诗歌的意境。

再别康桥

徐志摩

轻轻的我走了，

正如我轻轻的来；

我轻轻的招手，

作别西天的云彩。

那河畔的金柳，

是夕阳中的新娘；

波光里的艳影，

在我的心头荡漾。

软泥上的青荇，

油油的在水底招摇；

在康河的柔波里，

我甘心做一条水草！

那榆荫下的一潭，

不是清泉，

是天上虹；

揉碎在浮藻间，

沉淀着彩虹似的梦。

寻梦？

撑一支长篙，

向青草更青处漫溯；

满载一船星辉，

在星辉斑斓里放歌。

但我不能放歌，

悄悄是别离的笙箫；

夏虫也为我沉默，

沉默是今晚的康桥！

悄悄的我走了，

正如我悄悄的来；

我挥一挥衣袖，

不带走一片云彩。

二、朗读下面的散文诗，注意语气、语调的运用，要适合幼儿倾听。

春雨的色彩

楼飞甫

春雨，像春姑娘纺出的线，没完没了地下到地上，沙沙沙，沙沙沙……

一群小鸟在屋檐下躲雨，它们在争论一个有趣的问题：春雨到底是什么颜色的？

小白鸽说："春雨是无色的。你们伸手接几滴瞧瞧吧。"

小燕子说："不对，春雨是绿色的。你们瞧！春雨落到草地上，草地绿了！春雨淋在柳树上，柳枝儿绿了……"

麻雀说："不不！春雨是红色的。你们瞧！春雨洒在桃树上，桃花红了！春雨滴在杏树上，杏花儿红了……"

小黄莺说："不对，不对，春雨是黄色的。不是吗？它落在油菜地里，油菜花黄了；它落在蒲公英上，蒲公英的花儿也黄了……"

春雨听了大家的争论，下得更欢了，沙沙沙，沙沙沙……它好像在说：亲爱的小鸟们，你们的话都对，但都没说全面。我本身是无色的，但能给春天的大地带来万紫千红……

三、朗读下面的散文，注意把握作品的主题基调，通过速度、节奏、轻重音的变化体现散文的立意。

茶花赋

杨朔

久在异国他乡，有时难免要怀念祖国的。怀念极了，我也曾想：要能画一幅画儿，画出祖国的面貌特色，时刻挂在眼前，有多好。我把这心思去跟一位擅长丹青的同志商量，求她画。她说："这可是个难题，画什么呢？画点零山碎水，一人一物，都不行。再说，颜色也难调。你就是调尽五颜六色，又怎么画得出祖国的面貌？"我想了想，也是，就搁下这桩心思。

今年二月，我从海外回来，一脚踏进昆明，心都醉了。我是北方人，论季节，北方也许正是搅天飞雪，水瘦山寒，云南的春天却脚步儿勤，来得快，到处早像催生婆似的正在催动花事。

花事最盛的去处数着西山华庭寺。不到寺门，远远就闻见一股细细的清香，直渗进人的心肺。这是梅花，有红梅、白梅、绿梅，还有朱砂梅，一树一树的，每一树梅花都是一树诗。白玉兰花略有点儿残，娇黄的迎春却正当时，那一片春色啊，比起滇池的水来不知还要深多少倍。

其实这还不是最深的春色。且请看那一树，齐着华庭寺的廊檐一般高，油光碧绿的树叶中间托出千百朵重瓣的大花，那样红艳，每朵花都像一团烧得正旺的火焰。这就是有名的茶花。不见茶花，你是不容易懂得"春深似海"这句诗的妙处的。

想看茶花，正是好时候。我游过华庭寺，又冒着星星点点细雨游了一次黑龙潭，这都是看茶花的名胜地方。原以为茶花一定很少见，不想在游历当中，时时望见竹篱茅屋旁边会闪出一枝猩红的花来。听朋友说："这还不算稀奇。要是在大理，差不多家家户户都养茶花。花期一到，各样品种的花儿争奇斗艳，那才美呢。"

我不觉对着茶花沉吟起来。茶花是美啊。凡是生活中美的事物都是劳动创造的。是谁白天黑夜、积年累月，拿自己的汗水浇着花，像抚育自己儿女一样抚育着花秧，终于培养出这样绝色的好花？应该感谢那为我们美化生活的人。

第三节　听话技能

一、听话训练的重要性

(一)没有听话也就没有表达

说话是口耳之学。先有"听"，后有"说"。善于倾听者，可以了解他人的心声，促进情感的交流与互动。在日常言语活动中，人们很多时候都在倾听。在网络化的今天，听话的作用越来越重要，已经成为社会生活中进行信息交流的主要途径。

(二)良好的听话能力是人们获取知识的重要途径

学生在学校听课，企业职工接受各类培训，人们在生活中听报告、听讲座、听广播等，都能学到许多知识。调查表明，学习成绩优异的学生，大都在听课时能快速而准确地捕捉住知识要点，对关键语句有敏锐的反应能力，有边听、边思考、边摘记要点的习惯，善于从教师讲授的众多材料中进行辨别、比较，具有选择并重新组合成系统知识的能力。

(三)听话是语言沟通的基础

善于倾听别人说话是建立良好人际关系的秘诀。在人际交往中，听者用认真的态度聆听他人说话，往往更容易和他人顺利沟通。如果听话能力差，沟通就无法顺利进行。另外，在人际交往中，认真倾听不仅是为了听懂别人的话、获取信息，还体现了对他人真诚的关注和尊重。

听话能力在教师职业语言中占有十分重要的地位。比如，课堂问答、讨论、与学生交谈、接待家长来访等，都要求教师具有良好的倾听素养。

二、听话的过程与要求

口语交际环境是复杂的，引起人们注意力分散的因素很多，稍不留意便会造成偏听、误听、漏听或没有听清、听懂的情况。

（一）听话的过程

完整的听话过程，主要包括听清、听记、听辨、听悟和听评五个环节。

1. 听清

听清主要指集中注意力听清楚别人说话的内容，对说话人的有声语言的音节、语调听得真切、明白。

2. 听记

听记主要指记住别人说话的内容，包括话语的观点、开头、结尾、主要事实、重要的停顿和转折的地方、关键词语等。听记并不是对说话内容"全文照录"，而是摘要。听记的主要手段是心记，当然也可以做笔录。

3. 听辨

听辨就是分析辨别别人说话的内容，通过说话人的语气、重音、腔调，以及眼神、表情、手势，进行细心辨别，弄清它们的来龙去脉及其隐含的意思。

4. 听悟

听悟就是能完全领悟别人说话的含义，包括明白别人所用各种词语或手段的表层含义和深层含义。听悟，是听清、听记、听辨的必然结果。

5. 听评

听评就是对别人的话语内容、目的和动机、风格特点和效果进行审视、品评。它是听话人对他人的话语做出评析、进行取舍、决定回应的需要。

（二）听话的要求

整个听话的过程，应该是积极的倾听过程，是听、记、辨、悟、评的过程，要做到口到、耳到、眼到、手到、心到、脑到，是情感和注意力高度集中的过程。

1. 集中注意力，力求听清

口语较为复杂，各种风格的腔调都有，加之说话者语音未必规范，语速有快有慢，所以听话的人必须全神贯注，听清对方所说的整体内容，把握信息的含义。

2. 抓住关键，力求听懂

在复杂的语言环境中，不是每个人的说话都是非常明白和直率的，在人们所运用的各种词汇和语调的细微差别后面，往往蕴含着丰富的内容。这就是我们常说的"话中有话""弦外之音"。所以,听话的一个重要要求就是能分辨"话中话",听懂"话中音"。这就要求我们听话不仅要用"耳",而且要用"心"。在听的过程中抓住对方说话的关键词,注意说话者的重音、语调、修辞方式及情态变化,把握说话人的话语特点,理解说话人的思路。

3. 品评优劣,判断正误,力求有"得"

在正确理解别人的话语内容后,要有所取舍。一个积极的语言交际过程,应该是一个互通有无、互相学习、取长补短的过程。在听懂别人说话内容后,要积极做出反应。这就要在听话中注意听评,细心辨别是非与正误,在交际中有所收获。

三、常见的听话技巧

能说会道也许不难,但能说会听却不易。

(一)学会抓要点

说话人往往把说话的意思隐含在一段话里,即前面的一段话,往往是引子,是提示;当中一段话,有时是要点,有时是解说;后面的一段话,也许是结论,也许是对主要意见的强调或引申。我们听话时,可以从说话人的话语层次来捕捉要点。说话人在强调某些重点语句时,常故意放慢语速,忽然停顿,提高或降低声调,或借助手势等加以提示。所以我们还可以从说话人的语气、手势变化来捕捉要点。

(二)学会诱导

说话是双方的事,因此听者有必要帮助说话的人更明白、更清楚地表达自己的意思。听者可以用应答、三言两语的评论,或者必要的提示诱导说话人,尤其对那些不善言辞的人,及时诱导,边听边帮助对方厘清说话的思路,鼓起他们说话的勇气,有助于他们消除心理障碍,更有勇气把话说好。教师更应该在倾听学生的话语中,引导他们正确回答问题。

(三)学会推断

推断包括两个方面:一是推断价值,边听边筛选出对自己有价值的信息。二是推断真意,即透过话语表面的意思了解其内在的含义,从一些表面上微不足道的谈话细节、语气、手势、面部表情中，发现对方的立场、主观意图等有价值的信息。从对方谈话中经常重复的话语、特别喜欢用的词语、爱谈论的话题等，推断他们的所思、所想、所爱、所恨，有效推动对话的进行。

(四)学会评价

评价可以从三个方面入手。一是评价说话的内容：说话者提供的信息是否有价值，是否有独到的见解，是否能引起听者的关注等。二是评价说话的方式：说话者思路是否清晰，表意是否明确，语言是否形象生动，是否注意听者的反应等。三是评价说话的效果：观察听者是否能保持良好的情绪，是否能对说话者进行积极的回应等。

四、听话的训练方式

(一)听记训练

听记训练，即用文字把听到的内容迅速记下来的能力训练。可以由易到难，先从听记记叙性文章开始，然后听记说明性文章，最后听记议论性文章。开始时按照内容的顺序听记，然后边听边概括、边听边综合，最后重组听记。

要求：听记时，注意力高度集中，养成边听边记要点的良好习惯。

(二)听悟训练

听悟训练，即边听边对听知材料进行准确辨析的能力训练。不仅要听出内容的正确与否，还要听出对方话语中的"话中之话""弦外之音"。

要求：在听话的过程中，边听边对话语内容的各个方面进行比较，做出准确判断。

(三)听评训练

听评训练，即根据话语内容进行判断、评价的能力训练。要听出别人的思路和语意，要有快速的理解力。要听出哪些是题内话，哪些是题外话；哪些是正确、真实的话，哪些是错误、虚假的话；哪些是友好、赞扬的话，哪些是不怀好意或发牢骚的话；哪些是坦率、真诚的话，哪些是试探性、带有言外之意的话。

要求：听话时，从说话内容的正误、话语的形式及说话的效果三个方面进行评价。

[技能训练]

一、听记训练。

1. 教师读一篇短文，要求学生心记或手记，然后做口头复述。

2. 听说接力游戏。让两个宿舍的学生上台，分列讲台两边，依次站好。老师把事先写好内容的纸条分别交给双方的第一个人，然后让他们通过口耳相传的方式传下去，最后一位同学把听到的内容写在黑板上。比一比，看哪个宿舍的同学转达得又快又准。

二、听辨训练。找一段具有明显语音、语调问题的录音，训练学生的听辨能力。

三、听悟训练。选择一段言辞比较委婉或具有"话中之话""弦外之音"的录音，听后组织学生讨论。

四、听评训练。选择一段主题风格比较典型的录音，听后开展听评讨论。

第四节　态势语

人们在交际活动中，除了有声语言，常常以各种姿势、动作、表情、眼神等来帮助自己表达思想感情。用以帮助表情达意的姿势、动作、表情等，我们称之为态势语，也叫体态语。态势语是"无声的语言"，是口语交际中传递信息的重要手段。

态势语不仅对有声语言有辅助作用，在特定的语境中，甚至可以部分代替有声语言行为，是语言表达的重要组成部分。

态势语主要包括身姿语、手势语、表情语、服饰语。

一、身姿语

身姿，即身体的姿态。身姿语是指身体在某一场景中以动态或静态姿势传递信息的体态语言。一个人的身姿往往会反映出他的心理状态，以及他对人或对事所持的态度。不同的身姿传递着不同的信息。

充满信心、乐观豁达的人，站立时往往抬头挺胸；缺少自信、消极悲观的人，站立时往往弯腰曲背；猛然坐下者，给人过于随便之感；深坐者给人老成持重之感；新教师初上讲台，身姿难免僵硬、呆板，给人一种紧张的感觉；老教师的身姿自然大方，给人老练稳重的感觉。

身姿语包括站姿、坐姿、行姿等，是构成口语交际中交际双方整体形象的重要因素。正确、良好的身姿语能体现教师的基本素质。

(一)站姿

在人际交往中，比较正确的站姿有庄重型和谦恭型两种。庄重型的站姿即挺胸抬头，两眼平视，腰板挺直，精神振作，给人庄重严肃的印象，通常在台上讲话时运用这样的站姿。谦恭型的站姿即略微低头，垂手含胸站立，给人谦虚、诚恳、恭谨的印象，通常在和长辈、老师、领导交流时可采用这样的站姿。站立讲话时，头部端正，挺胸收腹，两腿自然分开，两脚平行站立，双手自然下垂或配合一定的手势语，给人精神饱满、潇洒自信的感觉。

(二)坐姿

坐姿主要有严肃型和随意型两种。严肃型的坐姿即正襟危坐式，上身挺直，两手交叠或平放于膝上，双脚并拢或略微分开，所传递的是庄重的信息，适用于正式场合。随意型的坐姿即自由自在、轻松随意的坐姿，传递的是轻松、和谐、融洽的信息，适用于朋友、同学、邻里、亲戚间的闲聊和谈心等非正式场合。

(三)行姿

行姿，也叫步姿。走路时注意上身挺立，两眼平视，双手自然摆动，步伐稳健，步幅和步速适中。如果是上台，则可神态自然，面带微笑，给人精神饱满、准备充分、自信满满的感觉；下台时行姿应自然从容，切不可给人漫不经心、摇摇晃晃或慌里慌张的感觉。

二、手势语

手势语主要指口语交际中依靠手臂、手掌、手指的动作变化传递信息的体态语言。手势语在交际中使用频率非常高，使用范围非常广泛。手势语一般可分为以下几种。

(1)情意手势语，主要用来表达说话者的思想情感，如挥拳表示愤怒。

(2)指示手势语，用来指明谈论的人、事物、方向等，如"向右拐"。

(3)象形手势语，用来描摹具体的人或物的形貌，如双手合围比画西瓜大小等。

（4）象征手势语，用来表示较为复杂的感情或抽象概念，如"OK"手势表示顺利、良好等。

手势语根据表现形式可分为单手势语和双手势语两种，若说话内容重要、场面较大、感情强烈，则可以用双手势语，反之用单手势语。

握手是目前被普遍运用的手势语。握手的次序，往往是女性、长辈或领导先伸出手，以示尊重。握手的方式，一般是站立，右手掌用力握住对方的手掌（握女性的手可轻握），身体可稍稍前倾，面带微笑，注视对方，以示热情，时间一般为 1～3 秒。

手势语的运用要适度，掌握分寸，要看场合和对象。小范围说话，手势语可少些，公开场合说话，可适度增加手势语；对长辈说话，尽量少用手势语，对小孩子说话，手势语可多一些。

三、表情语

表情语是指通过人的眉、目、鼻、嘴组成的"三角区"和脸上的肌肉、脸色的变化等表示不同情绪的动作语言。表情语的核心是目光语和微笑语。

（一）目光语

目光语是通过眼的动作和眼神来传递信息的体态语言。常用的目光语包括正视、仰视、俯视、环视、斜视。

在人际交往中，若是交谈，则可用正视、平视或环视，表示自信、坦诚和理解；若是演讲，由于空间大，人数多，则应不断用正视、环视的方法和听众交流，偶尔针对个人时用点视的方法，建立与听众的联系，形成融洽、和谐的气氛。

有经验的交际者，总是善于根据不同的语境，灵活运用目光语。如演讲时，不时用目光与不同角度的听众进行沟通；交谈时，眼睛一直看着对方；在宾客众多的招待会上，用眼神向没来得及打招呼的客人示意，消除他们的受冷落感；在较大的空间场合，相互对视，弥补因距离过远而产生的不便，使气氛更融洽、亲切。

（二）微笑语

微笑语是指在人际交往和公共场合中用笑容来传递信息的体态语言。

在言语活动中，微笑的感染力和表现力能强化有声语言的沟通功能。微笑既能向对方表达自己的善意，又能传达出愉悦、欢迎、友好、欣赏等信息。边微笑边说话，给人亲切、和蔼、诚信的感觉。

在交际过程中，微笑还可以配合其他体态语来代替有声语言。例如，遇到不愿接受或需要拒绝的情况时，应边微笑边摇头，委婉拒绝，而不应该冷若冰霜，直接回绝，让对方感到难堪。教师在教学过程中适时运用微笑语，不仅让学生感到亲切，还可以拉近师生间的距离，产生良好的教育效果。此外，微笑语的运用还要注意场合。

四、服饰语

服饰语是指在交际场合通过服装和饰品传递信息的形式。服饰是有利于沟通的工具，它用非语言形式促进人与人之间的交流。中国有句俗话，"人靠衣装马靠鞍"，说的就是服装对人的重要性。尽管不应该以貌取人，但有关资料表明，大多数人都容易从衣着来评价一个人，并由此决定对其所采取的交往态度。教师在上课、演讲和人际交往中服饰得体、优雅大方，能显示其职业、爱好、性情气质、文化修养，同时得体的服饰能给人良好的"自我感觉"，提高个人自信心，有利于交际的成功。不同的文化背景也影响着服饰的传播效果。所以服饰语的应用，必须符合一定的衣着原则，做到与场景、文化、习俗等相吻合。讲究服饰，并不是越华贵越好，关键是要根据年龄、身份、职业、场合等特点，做到庄重、自然、大方、得体。

就学校的教育场景而言，教师的服饰与学生发展有一定的关系。教师服饰最大的功能不是通过衣着把自己打扮得漂亮，而是提高教师的自信与魅力，增强对学生的影响力和感染力。面对不同的教育对象，教师的服饰应有所不同。

[技能训练]

一、让学生轮流上台做自我介绍，教师和其他同学观察其行姿，指出其存在的问题。

二、组织学生讨论，说出他们不喜欢或认为不恰当的手势语有哪些。

三、请学生说说微笑语运用的场合及其在交际、教育教学中的作用。

四、学生们课堂讨论，说说教师在衣着上应该注意什么。

第五节　心理素质

心理是人的感觉、知觉、记忆、思维、情感、意志、性格、能力的总称。心理素质是指人们经常的、稳定的、本质的个性特征。说话与人的心理素质关系非常密切，这表现在两个方面。一是说话人对自己的心理控制，要有良好的心理素质。对于初次登上讲台的人来说，主要是要消除紧张的情绪。二是说话人对听众的心理把控，说话人在说话前要对听众的心理状态及影响人际吸引的个人因素和个性特征有所了解，要有良好的心理沟通能力。所以，培养良好的心理素质对口语表达水平的提高和人际交往有积极的促进作用。

一、口语表达对心理品质的要求

从有利于说话人心理自控的方面讲，说话人应该具备以下良好的心理品质。

(一)充分的自信

自信心是个体对结果抱有成功把握的一种预测反应，是一种推断性的心理过程，具有明显的理性思维色彩。在认识活动或实践活动中，人们一般都会有对其活动结果的估计和判断。这种估计和判断是多样的：一是必定成功的估计和判断，会增强人的自信心；二是必定失败的估计和判断，会使人失去自信心；三是处于成败之间的估计和判断，会使人的自信心发生动摇，导致自信心不足。对各类事件成功概率的估计和判断及心理准备，就是人的自信心。自信心的强弱可以在某一具体认识或实践过程中反映出来，并表现为参与认识和实践活动的一种习惯性心理，成为某种性格特点。比如，对考试成绩、面试结果的预测等。一个人如果在许多事情上都保持自信，就会强化自信心理，成为一个自信心较强的人；反之，一个人如果长期缺乏自信，总是优柔寡断，或者其自信心经常受到打击，那么久而久之会导致他为人处世缺乏自信，变得谨小慎微、胆小怕事，做事举棋不定。

自信心在口语交际中表现得十分明显，并且对讲话的成败产生至关重要的影响。自信心强的人通常表现为对自己的讲话结果持肯定性判断，对口语活动表现为热情果断、镇定自若，使自己的讲话水平得到正常发挥或超常发挥；缺乏自信的人则表现为对自己的讲话结果持否定性判断，硬着头皮去讲，就会显得自卑、胆怯、顾虑重重，甚至惊慌失措、语无伦次，影响讲话效果甚至导致讲话失败。因此，讲话者一定要树立自信心，满怀信心地参与口语活动，把培养和建立坚强的自信心看作培养良好心理素质的重要内容。无论在什么样的场合，讲话时，都要充满自信。

(二)强烈的成功欲

成功欲是实现自我价值的一种满足感。它能变成人们思想行为的强大内驱力，对人的创造性活动产生积极影响。美国的人本主义心理学家马斯洛曾提出"需要层次论"。他认为，每个人都有五种需要：生理需要、安全需要、社交需要、尊重需要和自我实现需要。其中，自我实现需要是最高层次的需要，它会表现为强烈的成功欲，是对所有希望人生取得成功的人而言的，想在口语交际中取得成功的人也毫不例外。

在口语交际活动中，成功欲是造就出色的口语表达能力的一个内在动力，是讲话者重要的心理品质。

(三)稳定的情绪

情绪是一种短暂或持久的心理体验。说话和情绪有关。有些人一见陌生人就紧张，一听说需要在大庭广众下发表演说就恐慌，一有异性在场就不自在，等等。这些都发生在一刹那间，但都是受某种情绪影响的结果。情绪有好有坏，有强有弱，有稳定和波动之分。例如，上课时学生被提问会紧张得词不达意；遇到领导突然要听课，年轻老师可能会有些紧张，不由得语速加快。因此，讲话者在说话过程中应保持稳定的情绪。

二、口语中常见的心理障碍

(一)自卑感

在一个人成长的过程中，自卑感总是不同程度地存在着。从普通心理学的角度来看，自卑感是一种在个体内心感受到的，关乎自己能力、价值或地位的不足感。这种情感通常源于个体对自己的不满足，或与他人比较后产生的消极自我评价。自卑心理容易使人孤独、离群，抑制自信心和丧失荣誉感。当人的某种能力、缺陷受到周围人的轻视、嘲笑或侮辱时，自卑心理会大大增强，甚至以畸形的形式，如嫉妒、暴怒等表现出来。

有自卑心理的人，虽有强烈的社交愿望，却常常因为担心别人的评价和拒绝而避免社交活动。在进行口语交际时，也会出现脸红心跳、语无伦次、手足无措等现象。

反复多次，就会强化怯懦和自卑心理。

(二)羞怯感

人都有一种羞怯感。在某些交际场合，由于各种原因"羞于启齿"是很正常的。美国的一项心理调查表明，在宴会上与陌生人相处时，有很多成年人会感到局促不安。在口语交际中，如果过于"羞于启齿"就会造成交际障碍，甚至导致口语交际活动的失败。所以要逐步克服羞怯，不能由羞怯而恐惧，再由恐惧而自卑，形成难以扭转的心理定式。

(三)自傲感

自傲感是一种以自我为中心的心理倾向。在口语交际中表现出自傲心理的人，往往把注意力集中在自己身上。他们虽然有一定的甚至较好的口语表达基础，但是对自己的能力总是表现出过高的判断与评价。在交际过程中自己滔滔不绝，不给对方说话的机会，在演讲中高谈阔论，自我欣赏、自我陶醉、自我满足，甚至目空一切、唯我独尊，不顾听众情绪，容易引起交谈者和听众的反感，以致交际效果不理想。

(四)过度紧张

在生活中，有些人平时说话能力不算差，但遇到重大的场合，或非常关键的时刻，或有一些特殊人物在场时，说话便有些语无伦次、结结巴巴；有些人准备得很充分，结果讲话时还是会卡壳、忘词等。这些表现都是紧张导致的怯场，在心理学上这种现象被称为"心理干扰"。导致紧张的原因多种多样，因人而异，可大致归纳为以下几种。

1. 陌生

大部分人到了陌生的环境，面对陌生的面孔会精神紧张。

2. 自卑

自卑的人总感觉自己不如别人，说话时害怕"当场出丑"，这种想法会进一步加剧紧张感。

3. 性格内向

内向的人平时不爱讲话，当众讲话时就会觉得浑身不自在，紧张万分。

4. 害怕领导和陌生人

有的人是因为有领导、嘉宾在场而紧张。

5. 期望过高

有的人基础好，信心满满，想当第一，但容易出现越是关心结果就越紧张、越紧张就越发挥不好的情况。

6. 患得患失

有的人自我意识过强，自尊心太强，既想表现得完美，又总是担心出错，患得患失，容易怯场。

三、克服口语中常见的心理障碍的方法

(一)培养自我意识

自我意识包括自我观察、自我评价、自我体验等。我们可以通过对自己心理和身体特征的研究而形成自我认识。自我意识的强化有利于增强主体能动意识和更好地认识自己。

(二)找到心理障碍产生的主要原因，提高认识水平

其一，要勤于口语实践训练，不断总结经验，培养控制情绪的能力。其二，要学会自我肯定。不要把注意力全部集中在自己的成败上，而要集中在说话和演说上，不要让"个人得失"干扰自己的思路。其三，要在口语交际前做精心的准备，无论是讲话的观点还是材料、情感的表达形式及所有内容都要熟记于心，只有做到胸有成竹后，才不会过度紧张。

(三)积极暗示和自我激励

不断地告诉自己"我准备得很充分""我能够做到"，这样的积极暗示有助于建立自信。同时，通过设定小目标并不断激励自己，保持积极性。

(四)准确把握投入激情与紧张的"度"

重大场合下的口语表达，完全不紧张是不可能的。适度的紧张是必要的，有助于取得良好的表达效果。如果没有一定的激情与紧张度，语调缺乏气势，语言平淡无味，就不能感染和打动听众；相反，投入太过，言辞夸张，手势过多过猛，声音过大，容易给人冲动、激烈的感觉，也不会受到听众的欢迎。所以，一定要把握好"度"，有激情，但不夸张；有紧张感，但不怯场。

四、心理沟通的方法

自我调节和自我控制主要是独白式表达中对讲话者心理品质的要求，而心理沟通则是双向交流过程中对双方心理品质的要求。

在口语交际过程中，交际双方的心理有两种表现：一种是心理相容，即双方的情感、态度、立场、观点一致；另一种是心理不相容，即双方的情感、态度、立场、观点不一致。在口语交际中，双方心理的相容程度直接影响着交际活动的成功与否，需要交际双方具有一定的心理沟通能力。

心理沟通，主要是指运用心理学原理分析和揣度对方的心理状态及心理活动，以便采取相应措施，实现与对方心理相容的人际沟通艺术。任何一次口语交际活动，总会表现出心理相容或不相容的情况。如果不相容，就要努力通过心理沟通，逐渐达到心理相容，这是口语交际成功的前提。如何实现心埋沟通呢？这需要说话者提前熟悉听众的心理状态，了解人际吸引的个人因素和个性特征。

（一）听众的心理状态

讲话前听众的心理状态各不相同，大致有以下五种状态：①喜悦；②无所谓；③惶恐、紧张、羞怯；④揣测、防御；⑤轻视、对立。前三种比较容易实现心理相容，只要选择恰当的说话内容，注意说话态度和表达方式，即可实现人际沟通。后两种较难实现心理相容，需要慎重选择说话的内容、形式、态度、方法，才能实现人际沟通。

（二）人际吸引的个人因素

1. 性格

热情的性格非常有吸引力。一是对待他人热情；二是对他人的热情能够做出积极的回应。

2. 相似性

两个人的主张、态度、价值观、兴趣爱好等相似，彼此会产生吸引。

3. 个人才能

一个人在能力与特长方面表现突出，往往容易吸引他人的注意，产生人际吸引力。

4. 仪表

个人形象，包括长相、穿着、姿态、风度、气质等，对形成人际吸引力有显著的作用。

(三)人际吸引的个性特征

人际关系心理学家认为，以下八种负面的个性特征不利于人际吸引。

(1)不尊重别人。

(2)自我中心主义。

(3)利用别人，待人不真诚。

(4)过分顺从别人，惧怕权势而取悦他人。

(5)嫉妒心强，好猜疑。

(6)过于自卑，缺乏自信。

(7)有成绩爱自夸、显摆，对别人过分批评。

(8)对人有偏见，待人苛刻。

在人际交往过程中，我们要改变自己的不良习惯，努力追求和对方的心理相容，以顺利实现交际目的。

[技能训练]

一、要求学生根据自己的气质和性格，写一篇个人心理分析报告(可以是提纲，可以打腹稿，不必成文)，轮流上台发言。要求走向讲台时步履从容、轻松，身姿挺立；站在讲台上时目光面向全班同学，环视课堂，表情自然，手脚没有小动作；开口说话时声音响亮，发音清楚，表达流畅。在整个过程中体验、感受自己的心理变化。

二、学生两个人一组，分别是"主动方"与"被动方"，模拟陌生人初次相识，或学生向老师请教，或学生记者采访校长，或在食堂打饭时和他人发生口角后的"不打不相识"等情境。角色可互换，提高心理沟通能力。

三、在口语交际中，你有心理障碍吗？属于什么类型？准备如何克服？

四、下面的说话题目都有助于肯定自我形象、提高自尊与自信。学生们选取其中一个，上台讲述。

1. 我就是这样一个人。

2. 我最大的优点是……

3. 我的特长。

4. 我最得意的一件事。

五、以宿舍为单位，查找一些同学们会唱的歌曲，如《我相信》《隐形的翅膀》《我的未来不是梦》等，大声歌唱，提升大家的自信心。

第四章 口语表达的基本方式

　　口语表达能力的提高是一个渐进的过程。训练应该遵循口语表达能力形成的一般规律，即由易到难、由浅入深、由单项训练到综合训练。

　　人们在公开场合不敢开口说话、不会说话的主要原因是不知道说什么以及不知道应该怎么说。如果有了说话的内容，知道先说什么、后说什么，就解决了最主要的问题。因此，语言训练应从凭借文字材料的口语表达训练开始。凭借文字材料进行口语表达训练，可以对个人在词汇、表达模式等方面进行正确的引导，逐步树立口语表达的规范意识；凭借文字材料进行口语表达训练，还可以提高自己富有表现力的讲述能力。所以，凭借文字材料进行口语表达训练可以为没有文字凭借的即兴口语表达奠定基础。

　　在日常生活、工作、学习中，根据口语表达的不同需要，人们往往运用不同的表达方式，或者重复自己看到的或听到的内容，或者生动描述自己的所见所闻，或者解说事物，或者对有感触的事情评说一番，或者抒发内心真挚的感情，等等。这就涉及复述、描述、解说、评述等基本的表达方式。

第一节　复述

一、什么是复述

　　复述，是指把看过的书、文章、电视、电影，听过的故事、消息、会议报告等用语言讲述出来。

　　复述是一种最基本的、用途极为广泛的口语表达方式。复述看似简单，实际上要把一件事恰到好处地讲述出来，也不是容易的事。复述者既要听清看明，理解并记住要复述的内容，又要在充分理解、记忆的基础上，用自己的语言转换信息，再传达给别人。因此，复述训练既有利于培养语感、积累词汇、培养良好的语言习惯，又有助于提高人们的听知、记忆、理解、表达等综合能力。

二、复述的基本要求

(一)内容准确、重点突出

复述必须忠实于原材料,准确地把握原材料的中心和重点,不能歪曲原意,不能丢掉或改换主要内容、主要观点和主要情节,要根据不同形式的复述要求适当进行详略处理,突出重点。

(二)层次分明、讲述清楚

复述必须脉络清楚、线索分明、前后连贯,要反映各部分内容的内在联系。复述事件时,要把事件发生的时间、地点、人物以及事件发生的原因、经过和结果交代清楚。复述时要全神贯注,一气呵成,中间不要停顿。

(三)表达流畅、语言自然

复述时要做到口齿清晰、声音响亮、语调自然、语气得当。要尽量多地运用原材料中重点的词、句、段,把书面语转换为口头语,让人听得清楚、明白。

三、复述的类型

(一)详细复述

详细复述也叫一般复述,就是按照原材料的内容、结构、顺序,把事情原原本本地叙述出来。这是一种最简单、最基本、最接近原材料的复述形式。

详细复述不是对原材料的机械背诵,而是要把原来的书面语变成口语,把原来的长句变成短句,将语法结构复杂的句子加以简化,原材料的中心不变、重点不变、结构顺序不变、语言风格保持原样。详细复述要做到细而不乱。做详细复述训练可以锻炼人们良好的记忆能力、敏捷的思维能力和富有条理的表达能力。

(二)概要复述

概要复述主要是根据复述的目的对原材料加以浓缩、选择和概括,然后用简明扼要的语言讲述出来。概要复述要求抓住中心,突出重点,保持原材料的基本内容、结构，删去一些无关紧要的东西，用简洁明了的语言把主要内容讲述出来。

概要复述既要保留精华，反映原貌，又要精简浓缩，减少篇幅。总体要求是把握整体，厘清线索，删去枝节，保留主干。概要复述训练可以锻炼人们高度概括的表达能力。

（三）扩展复述

扩展复述是在原材料的基础上，对内容加以丰富、扩展、补充的叙述，类似于作文中的"扩写"，要求在把握原材料的基础上，根据原有的中心思想进行合理想象，增加一些内容，使其有枝有叶，丰满生动，增强口语表达的感染力。扩展复述不能改变原意与原框架，可以增加细节、扩展情节、增加修饰部分，根据表达的需要运用描述、解说、渲染及比喻、夸张等手法充实内容，但不能改变主题、偏离中心。扩展复述不要面面俱到，针对不同的材料，扩展复述的侧重点要各不相同。对议论性材料的扩展复述，主要应增加理性论证的层次，补充论据材料，做更深入的剖析；对说明性材料的扩展复述，主要是对所述内容增加更具体、更鲜明的细节说明；对记叙性材料的扩展复述，则要通过合理想象补充细节，使讲述的内容更生动、更充实、更完善，想象一定要合情合理，一切为中心思想的表达服务。做扩展复述训练可以锻炼人们的想象能力及表达能力。

（四）变换角度复述

变换角度复述包括变换人称复述和变换顺序复述。

1. 变换人称复述

变换人称复述，可以把第三人称改为第一人称，给人以身临其境的感觉；也可以把第一人称改为第三人称，这样的叙述表达更方便自由，不受限制。将第三人称改为第一人称，要以"我"的口吻，从"我"的角度，叙述主要人物的心理活动，主要人物不知道的事情，要改为他人转述。不论哪种改变，都要注意有始有终，不要张冠李戴。

2. 变换顺序复述

变换顺序复述，即改变原材料的叙述顺序。把倒叙改为顺叙，有利于厘清线索，讲清始末；把顺叙改为倒叙，有利于制造悬念，增加吸引力；在顺叙中加入插叙，有利于交代一些必要的情节，使人们对事件的经过更加了解。

四、复述的方法

(一)看、听仔细,充分理解

无论复述的内容是来自书报、广播、电影、电视,还是别人的讲述,都要看得清,听得真,不要错漏,以免以讹传讹。在认真、仔细地了解后,抓住中心,厘清思路,全面把握原材料,充分熟悉和理解所要复述的内容。

(二)选择记忆,列出要点

在理解的基础上,分点记忆。对于复述的内容,不可能全部记得一清二楚,要选择重要的内容和关键词进行记忆。对于篇幅较短的材料,在心中列出要点,对于篇幅较长的材料可以写一个要点提纲进行记忆。根据要点,按提纲进行复述,这样做往往能够收到较好的效果。

(三)口语化脱稿复述

脱稿复述应保持口语化的特点,不能一字一顿地背稿。在开始做复述训练时,应有意选择一些内容简单、线索明了、情节生动的材料,内容的难度可逐步加深,循序渐进,这样才能事半功倍。

[技能训练]

一、阅读下面的内容,然后分别进行详细复述。

女横渡者

弗洛伦斯是一名著名的女性游泳健将。1950 年,她就成功地游过了英吉利海峡,成为第一个横渡该海峡的女性,由此闻名于世。然而两年以后,她的另外一次横渡海峡的行动,却以巨大的遗憾而告终,并且成为后来几十年里警醒人们如何避免失败的教科书般的经典案例。

横渡英吉利海峡成功以后,弗洛伦斯经过两年的精心准备,决心再创造一项世界纪录:那就是横渡卡塔林纳海峡,成为第一个横渡此海峡的女性。1952 年 7 月 4 日凌晨,在西方世界热烈而广泛的关注之下,她出发了。开始的时候阳光明媚,惠风和畅,一切都很顺利,可是游了 15 小时以后,海上突然起了大雾,遮天蔽日,两米开外,什么都看不见。弗洛伦斯在大雾中继续横渡，又过了几小时，她感觉筋疲力尽，嘴唇已经发紫，手和脚开始痉挛起来，但四周依然是大雾笼罩，什么都看不见。她不知道离目的地还有多远，只感觉自己已经坚持不下去了。于是，她向救护船提出放弃横渡计划。船上的亲友都劝她再坚持一会儿，可能离目标已经很近了。弗洛伦斯又咬牙坚持了一会儿，可是前方依然是白雾茫茫。陆地似乎远在天边，遥不可及。看来这次的计划是完不成了，弗洛伦斯心里这样想着，身体立刻就瘫软下来，再也没有一丝力气去划水了。救护船见她实在是游不动了，就赶紧把她拖上船去。没想到弗洛伦斯被拖上船几分钟以后，大雾却奇迹般地散去了。这个时候，她惊讶地发现：陆地就在她前方几百米远的地方。弗洛伦斯仰天长叹，她说："如果我知道目标只剩下那么一点点距离的话，我无论如何都可以游到终点的，就是看不清目标的困惑，看不到希望的绝望，让我丧失了游下去的最后信心和勇气。"

这一声长叹，给我们带来很多的启示：第一，人生想要成功，一个清晰的、具体的、切实可行的目标很重要；第二，最困难的时刻，往往都是最接近目标的时刻，大多数的失败者，都是因为在这个时刻选择了放弃；而大多数的成功者，都是因为在这个时刻，多坚持了那么一小会儿。

最好的伯乐是自己

意大利画家达·芬奇做学徒的时候，才华深藏不露。当时，他的老师是个很有名望的画家，但年老多病，作画时常感到力不从心。

一天，他要达·芬奇替他画一幅未完成的作品。年轻的达·芬奇只是个学徒，他十分崇敬老师的为人和作品，所以根本不敢接受老师的任务。他缺乏自信，更害怕把老师的作品毁了。可是，这位老画家不管达·芬奇怎么说，一定要让他画。

最后，达·芬奇战战兢兢地拿起了画笔。很快，他进入了人画两忘的境地，内心的艺术感受喷涌而出。画作完成后，老画家看到达·芬奇的作品时，惊讶得说不出话来。他把年轻的达·芬奇抱住说："有了你，我从此不用作画了。"

从此以后，达·芬奇找到了自信，他的才情得到最大限度的发挥，终成一代大师。

这个故事告诉我们，人有时候并不了解自己。在一项充满挑战的工作面前，大多数人会觉得自己不配，没有本事，也没有能力去完成，这样我们就会永远活在自己设置的阴影里。其实，尝试可以使我们发现自己生命中优秀的潜能。

每一个人的生命都潜藏着许多自己也不知道的能量，如果不去尝试，这些能量永远也没有机会大放异彩。只要我们勇敢地向前走一步，那些像火山一样的才能就会喷发出来。世上许多美好的东西最初可能只是一次不经意的尝试。世上没有等来的伯乐，最好的伯乐往往就是自己。

二、以"故乡行"为题，对唐代孟浩然的《过故人庄》一诗进行扩展复述。

过故人庄

唐代·孟浩然

故人具鸡黍，邀我至田家。

绿树村边合，青山郭外斜。

开轩面场圃，把酒话桑麻。

待到重阳日，还来就菊花。

第二节　描述

一、什么是描述

描述，就是用生动形象的语言，对人物、事件、环境的特征及形态进行具体细致的叙述，属于书面语中的描写表达方式。

复述和描述是两种不同的表达方式。复述是以现成的语言材料为表达对象，以读和听为表达基础，具有模仿性；描述主要以客观存在的具体事物为表达对象，在观察的基础上向听者描绘事物的特征和形态，具有独创性。复述以重复原材料的具体内容为目的，具有条理性和完整性。此外，描述以描绘事物的特征和形态为目的，具有片段性和形象性。复述基本上使用原材料的语言，描述则需要迅速组织自己的语言。

描述以观察为基础，通过想象和联想来描述对象。描述多用形象性语言，勾勒人物特点，显示事物性状，再现某种情景，使人如闻其声，如见其人，如临其境。所以，描述训练可以培养观察力、想象力以及敏捷的思维能力和迅速组织语言的能力。

描述在现实生活、工作、学习中应用广泛。教师常常要通过丰富的想象，运用传神的描述，塑造栩栩如生的听觉形象，来增强教学语言的生动性、直观性和审美性。

二、描述的基本要求

(一)真实、准确

不论是描绘人物、景物、器物，还是事件、场景，都要符合真实的生活，不要随意夸张渲染，更不要毫无根据地胡拼乱凑，这样才能让人信服。描述的关键在于特征是否抓得准确。抓住特征，突出事物的特点，就能把事物描绘得活灵活现。

(二)形象、鲜明

只有对事物的声音、色彩、形象进行逼真的描摹，用声音、语气的变化表达人物的感情，渲染环境，才能给人以如闻其声、如见其人、如临其境的感觉。

(三)生动、优美

可以使用比喻、拟人、夸张等修辞手法，但要恰如其分，不要过分渲染。此外，描述不仅要准确地选择词语，还要注意语调的起伏多变、语流的畅达舒展，做到话中有画、语中含情，在声音上给人以美感。

三、描述的类型

(一)人物描述

人物描述，即运用生动形象的语言对人物的外貌、言语、行为、性格、人品等进行具体的叙述。进行人物描述时，要抓住人物特征，突出描述人物的性格特征。

(二)物体描述

物体描述，即对一些看得见、摸得着的、有声有色、有形可感的具体事物进行描述，如各种植物、建筑物、生活用品等。描述时，要抓住并突出其形状、色泽、功用等特征。

(三)环境描述

环境描述，即对人物活动或事件发生的场所、背景、氛围的描述。描述时，要观察细致，必须注意观察的角度、方法、顺序，以便叙述时条理清晰、层次分明，同时要积极思考，展开联想，抓住特征，表述准确。

要想做到描述准确，必须善于观察，具有一定的想象力。讲故事是描述训练的最好的方式之一。

[技能训练]

一、要求学生根据对上课迟到者的观察，以"尴尬的迟到者"为题，进行描述。
二、以"我的大学校园"为题，对学校的环境进行描述。

第三节　解说

一、什么是解说

解说，就是对客观事物做出准确的说明或对相关的事理进行深入的解释。具体而言，说明事物，就是对事物的名称、属类、性质、形态、功用等，用平实的语言，做完整、准确、客观的介绍，给人留下具体、清晰的印象，使人了解、认识该事物；解释事理，就是把自己对某一抽象道理的理解用通俗易懂的语言，深入浅出、条理分明地进行解释，使人明白其中的道理。

解说，类似于写作中的说明文。在实际的生活、工作、学习中，解说有很强的实用性。例如，实物图片展览解说、科普知识介绍、影视解说、导游讲解、体育比赛的现场解说、广告讲解等。解说是人们获得知识的重要途径，也是重要的基本表达方式之一。

经常进行解说训练，有助于人们开阔视野，增长知识，培养细致观察和准确表达的能力。

二、解说的种类

解说具有知识性和科学性。根据不同的划分方式，解说可以划分为不同的类型。

(一)从内容的角度划分

1. 实物解说

实物解说，即对实际物体的形态、性质、结构及其功用所进行的解说。这种解说比较直接，可视性强。解说时可用丰富的手势来描摹事物的性状，还可以用举例的方法说明事物的功用。

2. 程序解说

程序解说，即对事物发展的过程、阶段或活动开展的顺序所进行的解说。这种解说比较有条理，可按步骤来进行叙述，客观性和逻辑性较强。

3. 事理解说

事理解说，即对事物内部所包含的规律、原理，以及与其他事物的联系进行的解说。这种解说比较抽象、深奥，因此，解说要注意深入浅出、生动形象，多运用一些比较、举例的方法来进行叙述。

（二）从详略的角度划分

1. 简约性解说

简约性解说，也称纲目性解说，即用凝练、概括的语言说明事物、阐释事理。这种解说要抓住关键和主要框架，用简明扼要的话把事物的本质属性说清楚。

2. 详细性解说

详细性解说，也称阐明性解说，即对事物或事理做详细的分析和说明。这种解说可以采用多种方式，如解释定义、举例子、分类比较、打比方等。解说要全面、具体，要把抽象的事物说得具体、形象，把难懂的道理说得浅显明白，把专业性强的知识说得通俗易懂。

（三）从语言风格的角度划分

1. 平实性解说

平实性解说，是指用不加修饰的口语说清事物或事理。这种解说客观、实在，贴近生活，值得信赖，容易让人接受。

2. 形象性解说

形象性解说，是指用形象化的语言介绍事物。这种解说形象、具体，常采用比喻、拟人、描摹等多种修辞手法，易于理解。

3. 诙谐性解说

诙谐性解说，是指用诙谐、幽默的语言进行解说。这种解说语言妙趣横生，有吸引力，解说效果好，但要注意"解说"是目的，"谐趣"是手段，不能喧宾夺主。

三、解说的要求

（一）内容要真实准确

解说的目的是向人们阐明事理、传授知识。因此，解说必须实事求是，内容本身要有一定的科学性。要准确无误，注意把握表达的分寸。

（二）层次要清晰分明

要想让听的人容易理解、明白，就必须根据事物本身的特征，精心安排解说的顺序，恰当使用表示次序的词语，正确处理停顿、重音，做到层次分明、条理清晰，突出中心和重点。

（三）语言要通俗简洁

解说要抓住事物的本质和主要特征，语言要尽可能简洁明了、通俗易懂，使人一听就能抓住重点、理解内容。把各种抽象深奥的事物、事理以及专业化的知识通俗化、具体化，深入浅出地讲出来，人们才会更容易接受。

解说的方法有很多，可以通过下定义、分类别、作比较、举例子等方法来进行。

[技能训练]

一、详细性解说训练。运用举例子、作比较、列数字等方法，详细解说体育锻炼对身体有哪些好处。

二、简约性解说训练。用列提纲的方式，简单解说人们离不开手机的原因或解说手机的使用给人们带来的利与弊。

三、平实性解说训练。用平实的语言介绍你正在使用的一款产品，如手机、电脑、化妆品等的性能、特点、用途和使用要求等。

四、诙谐性解说训练。运用诙谐性的解说方式，做一下自我介绍。

第四节　评述

一、什么是评述

评述就是对一定的人物、事件或者立场、观点发表自己的看法和见解。在日常生活中，人们经常会遇到各种各样的问题，需要发表自己的观点，表明自己的立场、态度。评述要有评论、有叙述，核心在于"评"，以"评"为主体，但是离不开"述"。没有对看到、听到、观察到的客观事物的复述和描述，"评"就失去了基础和依据。评述训练既可以锻炼学生的分析能力、理解能力和概括能力，也可以提高思维的灵敏性和条理性。教师更要具备一定的评述能力。

二、评述的要求

（一）中肯公允，实事求是

评述是评与述的结合体。评要中肯公允，述要实事求是、真实准确，不能夸大其词。述是评的基础，述不准确，评就难免偏颇。评述表达的是个人对客观事物的见解、感受，所以必须对述的材料进行深入研究，具体、客观地分析，切忌主观片面。

（二）观点明确，理由充分

评述时，不论是赞成还是反对，都要观点明确，不要模棱两可，含糊其词；理由要充分，令人信服，不要泛泛而谈，言之无据。

（三）逻辑严谨，语言精当

评述时要概念明确，推论合理；语言的运用要力求准确、简洁、概括、通俗、明白；表达要条理清楚，逻辑严谨；要注意运用不同的语调，表达不同的感情，显示说理的力量。

三、评述的类型

（一）先述后评

先叙述要评论的内容，然后进行评论，将叙述的内容集中放在前面，评是对叙述的内容发表观点和意见，可以集中放在后面。述是手段，评是最终目的。其可以是自述自评，也可以是他述我评。述要点出评的对象、内容和范围，评要有针对性，做到有的放矢。一般来说，这种评述，述的内容多，评的内容较少，观点集中而单一。

先述后评，是评述最简单、最基本的方式。评述人物、事件、见闻、别人的发言，都可以用这种方式。

[评述范例]

小王和小李是大学美术系的同班同学。小李毕业后进入了某民营报社，担任美术设计的工作。而工作不甚如意的小王，投稿屡屡被拒，每次看见小李在报上刊出的作品，就怨天尤人。原本专业水平不及小王的小李，由于在报社工作，经常能接触最新的材料与作品，加上后来不断地努力，几年后形成了独特的个人风格，也有了不小的名气。

面对工作中的不如意，打破它的方法是不断努力，拼搏进取，用更好的作品证明自己的实力。

(二)边述边评

一边叙述客观事物，一边进行评论。边述边评，是述与评的交错进行，二者结合紧密。边述边评，可以随着事件的发展或评述内容的增加，依次发表自己的意见。这种评述方式，必须在述的过程中准确、及时地插入评的内容，这就需要机敏的反应能力。教师在讲课过程中，评价人物、事件、作品时都可以采取这种评述方法，能够使评述更有针对性，观点更加明确具体，能有效激发学生参与的积极性。

(三)先评后述

先提出自己的观点，稍作阐述，然后再叙述材料以证明自己观点的正确性。运用这种评述方式时，首先应立场坚定、鲜明地提出自己的观点，然后叙述评述的对象或内容。这样有助于引起听者的注意，突出自己的观点。在观点比较明确、肯定、集中，或说话的情势比较危急，说话人的心情比较急切时，往往采用这种形式。它有利于产生先声夺人的效果，但也容易显得突兀。所以先评后述的方式必须在特定场合、背景或语境下使用。

四、评述训练的方法

评述训练有述有评，既有助于培养学生概括叙述的能力，也有助于提升学生评价鉴赏的能力。如何进行评述呢？可采用下列方法。

(一)要充分理解材料

只有非常熟悉、充分理解，弄清材料的含义后，才可能形成自己的观点和看法。

(二)选择恰当的评述方式

评述方式很多，但必须根据表达需要选择恰当的评述方式。

(三)适当运用评述提纲

遇到评述材料比较丰富或评述观点较为复杂的情况，可以把评述要使用的材料和观点的要点写在纸上，以保证评述时有条不紊、通顺流畅。

[技能训练]

一、根据下面的材料，用先述后评的方式做评述练习。要求既有对观点的阐述，又有对材料的剖析，逻辑严密，论证有力。

2023 年 2 月，合肥某高校教师于安徽省某中学进行感恩主题演讲。其间，因这位教师所讲内容的价值观大多和功利性相关，一名学生上台抢过话筒反驳其观点。你赞成这名学生的做法吗？为什么？

二、根据下面材料的内容，结合你个人的成长经历，就师生关系、如何感恩父母等问题进行一段有观点有分析的评述。

这些年，中小学比较重视感恩教育，几百名学生在操场上主动拥抱母亲甚至给父母洗脚的视频常常在网络上出现，请谈谈你的看法。

第五章　多种口语表达方式的综合运用

口语表达有四种基本方式：复述、描述、解说、评述。但在实际的生活、学习、工作中，人们往往不是简单地运用某种单一的表达方式，而是综合运用上述几种表达方式来完成表达任务，实现表达目的。根据说话的内容、场合和需要，在四种基本表达方式的基础上，形成了各种更加复杂、多样的口语表达方式，如讲故事、演讲、即兴发言等。熟练地掌握和运用这些口语的综合表达方式，可以为教师语言的学习创造有利的条件，并为其奠定坚实的口语表达基础。

第一节　讲故事

一、什么是讲故事

讲故事就是把我们看到的、听到的、创作的或改编的故事，用口语绘声绘色地讲述出来。讲故事，是人们喜闻乐见的一种口语表达形式。好的故事有助于人们开阔视野、增长知识、拓展思维，获得正确的思想，陶冶高尚的情操。故事中有人物，有环境，有具体事物，因此讲故事是对各种表达方式的综合运用。故事情节生动，语言活泼，容易被感知和理解，所以讲故事训练不仅可以培养学生的记忆能力、感知能力，还可以促进学生积累词汇、增强语感。

讲故事是言语活动中最富有艺术色彩的口语形式。讲故事的人不仅要用生动的语言向听众述说故事，还要用极富特征的表情、手势、眼神等态势语"表演"故事，绘声绘色，声情并茂。听故事的人在听故事时，听觉和视觉同时被吸引，既能受到思想的启迪，又能受到情感的陶冶。好的沟通往往是通过讲故事完成的，精彩而又激动人心的故事，直抵人心，让沟通畅通无阻。

讲故事必须先熟悉故事。要记住故事的题目，把握故事中的人物、环境、事件，熟记故事的情节、人物的对话，不能看讲稿读故事。同时，可以根据需要对原材料做必要的处理：有的地方可详述，有的地方可概述，可以变换讲述的角度或顺序，可以

"添枝加叶",也可以"修枝剪叶",还可以增加设问、设置悬念,等等。在语言上可以把书面语改成艺术化的口语,使故事的情节更加生动。

二、如何讲故事

故事侧重对事件过程的描述,强调的是人物的形象性和情节的连贯性。因此,在讲故事的过程中我们要做到把人物形象、事件过程和环境氛围立体地呈现在听众面前,使人如闻其声、如见其人、如临其境。只有这样,才能吸引听众,使之受到感染,收到好的效果。在讲故事过程中,需要注意以下几个方面。

(一)精心选材

1. 在内容上

我们要选择那些积极的、健康的、催人奋进的、给人力量的、使人增强信心的、让人充满希望的、富有正能量的故事,而不是挑选一些低俗、庸俗、媚俗、恶俗等充满负能量的故事。

2. 在形式上

选择故事要注重它的"可听性",那些情节曲折、语言生动、结局出人意料的故事更能打动人心。

3. 在选材上

选材还要考虑不同听众的不同兴趣和偏好。例如,儿童喜欢听充满幻想的童话故事;年轻人喜欢听关于未来人生奋斗的故事、如何获取成功的故事;而老年人喜欢听民间故事、百姓故事,在轻松、幽默中增长知识、寻找乐趣。

(二)充分准备

讲好故事要从以下几个方面进行准备。

1. 熟悉故事内容,揣摩故事的寓意,理解和把握故事的主题思想

2. 对故事进行适当的加工和改造

(1)把原故事中不易上口、入耳的书面语改为浅显易懂的口头语,比如把"吝啬"改为"小气",把"潺潺流水"改为"河水哗啦啦"等;把原故事中冗长的句式改为简短的句式;把原故事中的冷僻词句改为通俗易懂的词句,使故事语言生动有趣,更适合口语表达。

（2）重新设计开头和结尾。要根据故事的内容设计有吸引力的开头，引起听众注意；设计耐人寻味的结尾，让听众有所思考。

（3）适当调整情节。对故事情节进行增删，应做到详略得当，力求使情节富有戏剧性，跌宕起伏的情节更能打动听众。

3. 熟记并试讲

在熟记的基础上进行试讲，推敲表情、语调、动作和语速的运用。

讲故事时一定要注意区分故事中作者的叙述语言和人物对话，并注意二者间的转换。叙述语言，既要体现讲故事的人作为旁观者的客观性，用声自然、平稳，又要体现讲故事者的感情、态度、语气、语速、节奏，随情节的发展而起伏变化。故事中的人物语言要着力表现人物性格和思想感情，抓住人物的言行和心理活动。例如，谦虚的人说话平静、真诚，骄傲的人说话盛气凌人；自尊自爱的人说话不卑不亢，奉承拍马的人说话低三下四；性格刚强的人说话铿锵有力，性格懦弱的人说话有气无力；等等。讲故事也可以用恰当的语气和语调进行模仿，声音可适当夸张。

（三）注意态势语的运用

不同的眼神、姿势、动作、表情可以帮助听众理解故事内容，增强故事的表现力，但运用态势语时一定要贴近自然，要随着故事的发展而变化。面部表情要明确，可略带夸张；手势和身姿幅度要小，千万不要生硬、做作。

此外，讲故事可以绘声绘色地模仿一些自然界的风声、雨声、流水声，模仿人物的笑声、哭声、叹息声，还可以模仿动物的叫声。这些模拟声如果运用得好，就可以起到渲染环境气氛的作用，增强故事的形象性和表达效果。

让我们真正学会讲故事，并讲好故事，用讲故事这种方式给自己的工作和生活插上翅膀，创造美妙的体验。

[技能训练]

一、阅读下面的故事，然后上台练习讲故事。要求：表达要绘声绘色，有吸引力。

一壶沙子

有一年，一支英国探险队在茫茫的撒哈拉沙漠里艰难前行。烈日下，探险队员们个个口干舌燥，汗如雨下。最糟糕的是，已经没有水了，他们很着急，不约而同地将目光投向队长。这到底该怎么办呢？

这时，探险队长突然从腰间取出一个水壶，说："我这里还有一壶水。不过，在穿越沙漠之前，谁也不能喝。"然后，他把沉甸甸的水壶递给身边的一位队员。接着，水壶在队员们的手中传递了一圈。

最后，队长郑重地将水壶交给了一位大家平时最信赖的长者，由他来保管。队长对大家说："水就在这里，我们带着它一起继续前进，好吗？"

虽然大家都没有喝到水，但看着眼前的这一壶水，他们原来绝望的脸上又露出了坚定的神情，一定要走出沙漠的信念支撑着他们一步一步地向前走去。

终于，探险队顽强地走出了沙漠，挣脱了死神之手，大家高兴得哭了起来。就在这个时候，有一位队员提议说："我们应该庆贺一下，把水拿出来喝。"

那位大家最信赖的长者把水壶拿了出来，当他用颤抖的手拧开水壶盖时，大家惊呆了：水壶里竟然不是水，而是沙子。

这个故事告诉我们：人，只要有信心，一壶沙子也能帮助大家走出沙漠。人生没有真正的绝境，无论遭受多少艰辛，无论经历多少苦难，只要一个人的心中还怀着一粒信念的种子，他就会走出困境，让生命重新开花结果。

二、每位同学准备一个关于自己的故事，讲给大家听。

第二节　演讲

一、什么是演讲

演讲，也称为演说或讲演，是指在公开场合，演讲者就某一问题或事件，发表见解、阐述事理，借助有声语言和态势语表达思想感情的综合性口语表达形式。

演讲是口语表达中重要的言语交际形式，有着强烈而广泛的社会作用。在现实生活中，不同行业、不同年龄、不同层次的演讲者，或大声疾呼，力陈改革良策；或纵横畅谈，描绘美好前程；或热血沸腾，讴歌伟大祖国；或慷慨陈词，痛斥不正之风；或精细剖析，阐明人生哲理。声情并茂、谈吐自如的演讲，受到人们的广泛重视。

演讲是阐明理论观点、发表学术见解的一种手段，专家和学者在科学领域取得某些进展和成果，常常用演讲的形式阐述自己的学术见解和科研成就。

演讲训练有助于锻炼讲话者在大庭广众的胆量，提高其有声语言的响度和张力，学习综合运用多种口语的表达形式和技巧，增强讲话者的口语表达能力和思维能力。

师范院校的学生应该把演讲当作培养专业口语、提高综合素质的重要手段。

二、演讲的类型

根据不同的内容，演讲可以分为政治演讲(包括竞选演讲、就职演讲、施政演讲)、教育演讲、经济演讲、军事演讲、宗教演讲等；根据不同的目的，演讲可以分为学术演讲、说服演讲、鼓动演讲、娱乐演讲、凭吊演讲等；根据不同的场合，演讲可以分为大会演讲、法庭演讲、课堂演讲、宴会演讲、街头演讲、巡回演讲、广播电视演讲等。

根据演讲方式的不同，演讲可以分为准备演讲和即兴演讲两类。

(一)准备演讲

准备演讲又称专题演讲，分为读稿演讲、脱稿演讲和提纲演讲三类。

1. 读稿演讲

事先写好演讲稿，上台照稿宣读，以示庄重，保证演讲的严密性和正确性。在读稿演讲时，心目中要有听众，演讲者要考虑到自己在跟听众谈话，语调要适当口语化，自然流畅。不要埋头读稿，应不时抬起头来，用眼神和听众交流。

2. 脱稿演讲

事先写好演讲稿，演讲时不看稿，在原稿的基础上即兴发挥、自如地演讲。这是效果较好的一种演讲方式。如果事先做好了充分的准备，对内容、层次、语言、基调等了然于胸，讲起来就不会层次不清、内容重复。注意，命题演讲就属于常见的一种脱稿演讲。

3. 提纲演讲

事先根据演讲的主题列出详细的或简单的提纲，把中心内容、结构层次、主要事实或数据等都列出来。演讲时，基本不看提纲，必要时可以看一下，保证演讲的连贯性和完整性。

(二)即兴演讲

演讲者没有讲稿或提纲，临时即席，边想边说，或者临时在脑海中想了大概要说的内容，边想边讲。即兴演讲，主要靠思维和敏捷的表达。

三、演讲的特点

(一)真实性

演讲不属于表演艺术，它是演讲者通过对社会现实的判断和评价，向听众公开陈述自己的主张和看法。因此，演讲首先要真实，只有真人、真事、真理、真情，才能使听众产生共鸣。

(二)艺术性

演讲以宣传鼓动为目的，通过有声语言和态势语手段体现其艺术性。著名演说家李燕杰认为，一个优秀的演说家就是一个艺术家。他主张把政治思想寓于智育、美育之中，像琴师操琴一样，要善于拨动人们思想感情的弦。演讲的艺术性表现在以下三个方面。

(1)演讲的内容要以具体感人的形象、深刻真实的事理说服人、感染人，歌颂生活中的真、善、美，鞭挞假、恶、丑，抒发内心丰富的情感。

(2)演讲的风格多样，无论是朴素明快，还是委婉清新；无论是铿锵有力，还是幽默风趣，都用艺术化的口语为听众营造一种美的氛围。

(3)演讲者语调的抑扬顿挫、节奏的起伏快慢、语速的停顿连接，都具有明显的艺术性。

此外，成功的演讲者还可以通过自己的穿着打扮、表情眼神、手势动作等来强化演讲的效果，使之具有强烈的艺术色彩。

(三)鼓动性

演讲者在演讲中传播自己的观点和主张，要感染听众，就要具备一定的鼓动性。演讲者要用自己炽烈的情感、激昂的言辞唤醒听众的思想，激发听众的情绪，晓之以理，动之以情，引起听众的强烈共鸣，以达到感染、征服听众的目的。鼓动性是演讲的力量所在。

四、演讲的基本要求

(一)内容正确，观点鲜明，材料充实

内容是演讲的灵魂，是演讲的生命。演讲的内容应该体现时代精神，反映正确的

观点，传播进步的思想。演讲所阐发的主题思想，必须观点鲜明，赞成什么、反对什么，提倡什么、否定什么，必须旗帜鲜明，给人以启发和教益。演讲要靠事实说话，演讲中所运用的材料要确凿充实，既有广为熟悉的名人名言的引用，又有生动的情节、感人的讲述。各种材料应具有真实性、典型性，真实的事件、典型的材料最能说明问题。

(二)声音清晰、响亮，表达晓畅、生动

演讲语言既要简洁精练、准确规范，又要表达晓畅、形象生动。要用贴切准确的词语、简洁明快的语句表达丰富的思想内容，深入浅出地阐明观点，把抽象的道理具体化，把抽象的概念形象化。此外，还要注意发音正确，声音清晰、响亮，语速适中，语调自然优美。

(三)感情真挚朴实，态势语自然得体

演讲要以理服人、以情动人。感情的投入，除了语言的抒情、表达时的激情，更重要的是内容的入情，演讲者要选择典型、生动的事例，运用最佳的表达方式，才能达到预期的效果。演讲者要抒发真情实感，只有感情随着演讲的节奏、内容的需要自然而然地流露，才能引起听众的共鸣。装腔作势、虚张声势，只会让听众反感。演讲者不仅要用有声语言来说服、感染听众，还要善于运用态势语辅助表达思想感情，以加强演讲的说服力和感染力。演讲者的态势语要服从主题表达的需要，自然协调，切忌矫揉造作，不能过多，以免喧宾夺主。

五、演讲的技巧

命题演讲的完整过程包括三个阶段：一是构思、撰稿，二是记稿、试讲，三是正式演讲。演讲者既是撰稿人，又是排练者，还是最终完成演讲的表演者。

(一)构思、撰稿

这一阶段包括题目的拟定、主题的确立、材料的选取、结构的安排、语言的运用。

1. 题目的拟定

内容是演讲的核心，而演讲题目可以为内容指明方向，确定题材的范围。因此，演讲题目的选择至关重要。确定的题目要有时代特点和现实意义，应是听众感兴趣的，

演讲者所熟悉、能动情并能把握的，要有一定的启发性和鼓动性；要让听众在听到演讲内容之前，凭借题目就能初步感知演讲的内容范围和演讲者的思想与感情倾向，由此引发听众的关注与兴趣。演讲的题目，有的概括题旨，如《论气节》；有的直接提出问题，如《人生的支柱是什么》；有的抒发情感，如《女人，你的名字不是弱者》等，它们或明快或含蓄、或长或短、或实或虚，但都能引人关注与深思。

2. 主题的确立

主题是演讲中所要分析论证的主要问题，是演讲要表达的中心思想，具有统率整个演讲的作用。演讲的主题要体现演讲者的独特体会、真知灼见。演讲的主题必须鲜明，要向听众讲清楚自己所要说明的问题。演讲的主题必须集中，最好只有一个，否则会互相干扰。

演讲者确定主题时要讲自己喜欢、熟悉又能讲好的问题，不要勉强去讲那些自己不了解或讲不好的问题。

演讲主题确定后，你演讲的内容可以深入自己的记忆中去寻找。比如，你的成长背景、你的求学经历，等等。其中，那些曾让你深深感动的事情、你的学业、你的理想、你所执着追求的目标，以及你曾经为之付出巨大努力和心血的梦想、你的感悟、你一定可以讲得栩栩如生，引起听众的共鸣。

3. 材料的选取

演讲，不能只是抽象的说理，而是要借事说理，寓理于事，要用翔实典型的材料加以佐证，增强说服力。演讲的材料非常广泛，有名人名言和在群众中广泛流传的格言警句，有生动感人的事例、生活和科学知识、表格、数字、图画、实物等。选择材料时要注意：一是材料要围绕主题选取，要有利于主题的展开；二是材料要真实准确，这样听众才更加信服；三是材料要典型，不宜过多，要精心选择最有代表性、最能揭示事物本质、表现演讲主题的材料；四是材料要新颖生动，能吸引听众。此外，要适当地对选定的材料加以分析。

4. 结构的安排

一场演讲，要想从头到尾抓住听众，就要讲究结构的技巧，一定要简单清晰。演说的结构一般分为三部分：开头、主体、结尾。

(1)演讲的开头一定要有吸引力，牢牢抓住听众。要一下子建立起演讲者和听众的思想联系和感情联系，尽快进入正题。如果开头部分不能吸引听众的注意力，听众就会松懈下来。听众的注意力不集中，对演讲者也有很大的影响。

开头的方法很多：可以开门见山，揭示主题；可以引经据典，摆出观点；可以提出问题，引人思考；可以出其不意，一鸣惊人；可以设置悬念，引而不发；可以借用情景，引申开去；可以抒发感慨，沟通情感；可以幽默诙谐，引发兴趣；等等。无论用哪种方式，开头都要紧扣主题，合情合理，出语巧妙，引人入胜。总之，要为后面的内容搭建一个良好的平台。

(2)演讲主体部分的结构，要根据材料和内容而定，不拘一格。要安排好详写与略写、层次与段落、过渡与照应等，做到层次清楚、有张有弛。特别是要设计一个甚至几个演讲的高潮，造成一种波澜起伏的气势。可以用序数词交代要讲的问题或观点，或用类似的格式起头，明确层次，使听众一目了然；可以用几个设问句，引出几个层次的观点；用加重音量说出中心词，引起听众注意，帮助听众厘清内容的逻辑关系。

(3)演讲的结尾部分，要将铺开的语言浓缩成一个明确的结论，让听众觉得完整而又意犹未尽，留下深刻印象。好的结尾能使听众与演讲者间产生强烈的共鸣，极大地鼓舞听众，激起听众行动的欲望，从而达到演讲的最终目的。

结尾的方式多种多样：或表达演讲者的良好祝愿；或抒发真情，展望美好的前景；或坚定有力地发出鼓舞人心的号召；或引用格言警句，以其寓意深刻的道理启发听众去思索；或用简洁的语句归纳全篇，点明题意；等等。结尾千万不能过于匆忙，要留有足够的时间，完成最后的收尾过程，但也不要拖泥带水，减弱气势。

5. 语言的运用

演讲的语言应简洁、平实、口语化。要字斟句酌，精心选择最能反映事物本质、表达思想感情的语句。不说空话、废话，避免不必要的重复。用平常的话把思想感情表达出来即可，不可堆砌华丽的辞藻。平实的语言给人一种坦诚率真、自如亲切、真实可信的感觉，可以大大增强演讲的可信度。

演讲的语言应通俗、生动。演讲时，要用大众化的语言表达，少用或不用听众不熟悉的文言、方言和生僻词语，多用谚语、俗语、成语等，多用短句，少用复杂的长句，用形象的语言把道理讲得深入浅出，可用比喻、排比等修辞手法，增强演讲的生动性。

(二)记稿、试讲

记稿必须在思考的基础上进行，不要死记硬背，边熟悉边对演讲稿进行推敲和修改，这样会逐渐对演讲内容烂熟于心，不容易忘记。

记稿可以分三步进行：第一步是阅读，了解演讲稿的整体与细节，掌握它的文体特点和思路，边读边记忆演讲的观点和材料，把握用材料论据阐述观点的过程，即逻辑构成；第二步是响读，边出声读边揣摩演讲的语气、语调、节奏、停连等，从中对演讲词加以体会和准确记忆，同时把其中一些书面语改为朗朗上口的口头语，也可以边读边设计演讲时的表情、手势和姿态，琢磨临场情境及与听众交流的心理和生理反馈；第三步是情读，理解并感受演讲词的感情，注意感情的表达要适度、真实。

试讲是预演练习。试讲时要将演讲内容和态势语结合起来，边试讲边设计相应的表情、眼神、手势、姿态等。也可以请有经验的人来指导，这样不仅可以使演讲中可能遇到的问题得到有效的克服和纠正，还可以使演讲内容得到加深和巩固。试讲场地可以选择操场、宿舍、教室，可以先讲给朋友、舍友、同学听，听众人数由少到多，从中了解演讲的效果及反馈意见，可以对着镜子试讲，还可以把试讲过程录下来反复听和看，及时发现试讲中存在的问题并进行修正。这样，让自己提前进入角色，有助于调节生理和心理的适应能力，较快地提高演讲水平，为正式演讲做好准备。

（三）正式演讲

尽管前面的反复试讲为正式演讲做了充分的准备，但正式演讲时，无论是演讲的场地还是面对的听众都有了很大的变化，对演讲者来说更是一次心理的考验。紧张是演讲中常见的心理现象，有效地克服此现象，对演讲成功起着举足轻重的作用。因此，正式演讲的重点是学会自我情绪管理与心理调控。关于正式演讲时的自我调控，应注意以下几个方面。

1. 设法放松情绪

可以通过以下方法放松情绪：提前进入会场，熟悉并努力适应环境；利用环境，听一听前面演讲者的演讲，看能否从中获得一些经验；可以和在场的听众说几句话，分散注意力，缓解紧张情绪；上台前做几次深呼吸进行生理调节；进行充分的心理暗示；等等。

2. 用意志纠正感觉

上演讲台的前几分钟，是最紧张的时刻，要提醒自己放慢语速，即使喝水也要慢慢喝，避免快速的动作增加紧张感。上台后，目光专注于前方，凝神聚思，排除干扰，用意志控制行动，使自己表现出自信。只要开场不乱阵脚，后面的注意力集中到演讲词上，紧张情绪很快便会消失。

3. 保持头脑冷静

在演讲过程中，由于各种原因，听众的情绪、注意力会发生变化，会场秩序、气氛等也会发生变化，还可能会发生一些意外的变故。这些都要求演讲者头脑冷静，有一定的应变能力。例如，演讲中有学校领导进入会场，学生会有一些骚动，演讲者不能停下等待，而是要用更有激情的语言吸引听众；如果中途话筒出现故障或者发生停电状况等，演讲者要明显提高自己的声音；如果不慎说错了话，念错了音，那么不要慌张，或继续或做一次更正即可，不要破坏演讲的连贯性和整体性；如果出现忘词、卡壳等情况，那么不要停下做回忆状，应随机应变，放下当下的内容，从下一段讲起；如果头脑里一片空白，那么也不要着急，立即放慢语速，重新组织语言进行表达；如果前面的演讲者已经讲了你要讲的一些内容，那么你要迅速把与之相同的部分压缩，充分展开其他内容；如果听众人数变少，那么也不要因此影响自己的情绪，不论多少人，都要认真演讲。

总之，对于演讲中出现的意外情况，演讲者要做到既能泰然处之，又能采取适当的方法，灵活自如地处理。

[演讲范例]

摆脱恐惧（节选，有改动）

俞敏洪

当有人站在这么一个舞台上，我们很多同学都会羡慕，也会想，也许我去讲，会比他讲得更好。但是不管站在台上的同学是面对失败还是成功，他都已经站在这个舞台上了。而你，还只是一个旁观者。

这里面的核心元素，不是你能不能演讲，不是你有没有演讲才能，而是你敢不敢站到这个舞台上来。我们一生有多少事情是因为我们不敢，所以没有去做的。

曾经有这么一个男孩，在大学整整四年没有谈过一次恋爱，没有参加过一次学生会或班级的干部竞选活动。这个男孩是谁呢？他就是我。

在大学的时候，难道我不想谈恋爱吗？那为什么没有呢？因为我首先就把自己看扁了。我在想，如果我去追一个女生，这个女生可能会说，你居然敢追我，真是癞蛤蟆想吃天鹅肉。要真出现这种情况，我除了挖个地洞钻进去，我还能干什么呢？所以这种害怕阻挡了我所有本来应该在大学发生的各种感情上的美好。

其实现在想来，这是一件多么可笑的事情，就算你被女生拒绝了，那又怎么样呢？这个世界会因为这件事情就改变吗？那种把自己看得太高的人我们说他狂妄，但是一个自卑的人，一定比一个狂妄的人还要更加糟糕。因为狂妄的人也许还能抓到他生活中本来不是他的机会，但是自卑的人永远会失去本来就属于他的机会。因为自卑，所以你就会害怕。你害怕失败，你害怕别人的眼光，你会觉得周围的人全抱着讽刺、打去、侮辱你的眼神在看你，因此你不敢去做。所以你用一个本来不应该贬低自己的元素贬低自己，使你失去了勇气，这个世界上的所有的门都被关上了。

当我从北大辞职出来以后，作为一个北大的快要成为教授的老师，马上换成了穿破军大衣，拎着糨糊桶，专门到北大里面去贴小广告的人。我刚开始内心充满了恐惧，我想这可都是我的学生啊，果不其然，学生就过来了。欸，俞老师，你在这儿贴广告啊。我说，是，我从北大出去自己办了个培训班，自己贴广告。学生说，俞老师别着急，我来帮你贴。我突然发现，原来学生并没有用一种贬低的眼神在看我，学生只是说，我来帮你贴，而且说，我不光帮你贴，我还在这儿看着，不让别人给它盖上。逐渐我就意识到了，这个世界上，只有你克服了恐惧，不在乎别人的眼光，你才能成长。也正是有了这样不断增加的勇气，我才有了自己的事业，有了自己的生活，有了自己的未来。

当我们有勇气跨出第一步的时候，我们首先要克服内心的恐惧。因为在这个世界上，只有你往前走的脚步声你自己能够听见。

所以我希望同学们能够认真地想一下：我内心现在拥有什么样的恐惧？我内心现在拥有什么样的害怕？我是不是太在意别人的眼光？因为这些东西，我的生命质量是不是受到影响？因为这些东西，我不敢迈出我生命的第一步，以至于我的生命之路再也走不远。如果是这样的话，请同学们勇敢地对你们的恐惧和别人的眼神，说一声 No！

[技能训练]

一、围绕教师工作"爱岗敬业"的演讲主题，拟定三个以上的题目。

二、请同学们以"梦想"为题，列出演讲提纲。

三、班级组织一次题为"感恩父母"的演讲会，每位同学都上台演讲。

第三节　即兴发言

一、什么是即兴发言

即兴发言，也叫即席发言、即兴讲话、即兴说话、即兴演讲等，就是在特定的情境和主题下，在未做充分准备的情况下，应邀或自发进行的即时性说话，是一种不凭借文稿来表情达意的随机自由的口语表达形式。有时，主持人点名发言，毫无准备，应声而说；有时自己兴之所至，临时构思，随想随说。从表达方式的角度看，即兴发言属于演讲的一种，由于它的表现形式与功能的特殊性、独立性和普遍性，一般做单独介绍。即兴发言有以下几个特点。

（一）临时发挥，现想现说

由于即兴发言事先没有做充分的准备，发言者要在极短的时间内迅速构思、确定话题、组织语言，而且不能反复修改、反复试讲、反复排练，因此发言者必须思维敏捷，出口成章。即兴发言是一种高水平的口语表达能力。

（二）内容灵活，使用面广

发言者可以联系情境即兴而说，自己确定话题、表达观点、选择材料，发言内容十分灵活。在日常生活中，即兴发言的使用场合非常广泛，如欢迎、欢送、哀悼、竞选、就职、答谢、婚礼、寿庆等场合下的发言；教师在主题班会、迎新仪式、毕业典礼、节日联欢等场合的讲话；等等。即兴发言的内容范围也相当广泛，或介绍、表态，或建议、评论，或总结、祝贺等。

（三）话题集中，短小精悍

即兴发言有比较严格的时间限制，一般只有 3～5 分钟，是就眼前情境有感而发的，因此话题要集中，要有较强的针对性。话题不仅要符合特定场合的主题，还要注意语境与话题的相关性。

即兴发言有助于培养人们思维的敏捷性和灵活性，提高人们现想现说的口语表达能力。即兴发言水平的提高也有助于写作能力的提高。

二、即兴发言的基本要求

即兴发言是一种具有挑战性的口语表达方式，它对发言者的水平提出了更高的要求。即兴发言的要求包括以下几点。

（一）内容新颖，紧扣主题

一般来说，即兴发言都有时间限制，要在有限的时间内吸引听众，让听众的注意力集中，最忌讳的就是跑题。所以，要根据所在场合及活动内容确定主题，且要紧紧围绕主题展开。内容要有见地、别具风格，只有这样才能引起现场听众的共鸣。

(二)逻辑清晰，层次分明

在上台之前就应迅速构思发言内容及说话顺序。先说什么，后说什么，要做到成竹在胸，具有条理性，要保持思路清晰。话题的结构安排有层次，开头扣人心弦，中间引人入胜，结尾发人深省。

(三)构思敏捷，反应机敏

即兴发言的准备时间有限，发言者必须有敏捷的构思能力和机敏的反应能力。发言者要具备多方面的知识素养，要注意平时的积累，包括社会知识、生活见闻等，平时多看书，多观察社会生活，博闻强识、日积月累，在头脑中储存丰富的说话素材。当遇到即兴发言的场合时，就能信手拈来。同时要加强思维训练，掌握思维规律，多进行逆向思维、纵深思维、发散性思维的训练，这对提高思维的敏捷程度大有益处。

三、即兴发言的技巧

(一)选择话题技巧——借助情境，捕捉话题

即兴发言要解决的第一个问题是说什么。这需要发言者快速做出反应，选择话题。

1. 可以依据特定的语言环境选择话题

根据自己所处的场合、周围的环境、时间、地点、实物等因素和情境展开联想，还要考虑会议或活动的性质、宗旨及前面讲话者说话的内容，当时场合的气氛等，以此来确定说话的内容。

[范例]大学同学婚礼上的祝福。

我和老王相识于大学，一起在大学度过了人生中最美好的时光。我们一起上课，一起逃课，一起吃饭，一起睡觉……他是有担当的男人。我在他的影响下学会了坚持，学会了拼搏。和他合作，感觉特别让人放心。一路上我也见证了两位新人的美好爱情，感受到老王对新娘的深深爱意，所以我相信老王一定会给新娘一个温馨的家。

最后，祝福老王夫妻新婚快乐、百年好合、早生贵子，也祝福在场的亲朋好友们身体健康、工作顺心、万事如意！

2. 根据听众的身份、特点来选择话题

即兴发言是临场性的，讲什么、怎么讲，要看跟谁讲。话题如果切合听众的身份

特点，会特别引起听众的关注，无疑会起到锦上添花的效果。

[范例] 在小学同学毕业十周年聚会上的发言。

非常感谢班长组织的这场聚会，让阔别十年的老同学又相聚在了一起。这十年来，同学们的变化都很大，有的我都认不出来了。遥想十年前我们的金色童年，那时我们的经济条件远不如现在，但我们过得非常开心、快乐。记得有一年咱们班级春游，王小春把他的外套弄丢了，大家帮他到处寻找。结果，王小春的外套找到了，杨楠的帽子又不见了……（同学们笑声一片）现在回想起来恍如昨日。在这里，我祝赵老师身体健康，越来越年轻！祝同学们早日找到另一半，结婚的大喜日子别忘了通知我啊，即使远在他乡，我也会赶回来喝一杯祝福的酒！谢谢大家！

这位同学的发言有感谢，代表了大家的心声；有回顾，能勾起大家的回忆；有对老师和同学的祝福，语言亲切、有趣，能引起大家的共鸣，感染力较强。

3. 结合自己的实际情况来选择话题

话题的选择可以紧扣自己的身份。选择话题时，最好能从自己比较熟悉的领域谈起，这样既可以缓解紧张的情绪，也比较容易说出自己的见解。

(二)安排结构技巧——思路清晰，言之有序

有了内容后应迅速确定先说什么，后说什么，要思路清晰、条理分明。即兴发言时间短，结构一般也比较简短。即兴发言应注意以下几个层次点。

(1)开头用有趣的自我介绍、真诚的感谢等方式引起听众的兴趣。

(2)中间可以谈谈感悟、感想、看法等来说明主题。

(3)最后可以是展望、祝愿、建议等内容。

这些层次点既可以作为即兴发言构思的启发，也可以作为发言过程中思路线索的提示；既可以预防"放野马"式的信口开河，又有助于较好地表达主旨。

(三)语言表达技巧——简洁晓畅，具体生动

即兴发言的语言要准确、言简意赅，不拖泥带水，要通俗易懂、流利通畅，避免或减少不必要的停顿和无意义的重复；内容要具体，切忌说空话、大话、套话，可以根据场合，适当地加入生动的比喻、幽默的言辞，使听众有兴趣听，能受到一定的感染。

[范例] 一位新教师第一次和学生见面时的发言。

同学们，大家好！

从今天开始，我将担任你们的数学老师，能够和大家在一起学习、生活，我感到

非常高兴。看到聪明伶俐、阳光开朗、勤奋好学的你们，我对你们、对自己充满了信心。我叫许梦瑶，毕业于××师范学院教育学院，很早就想当教师，今天终于愿望成真。在大学期间我曾获得全省数学大赛一等奖，我会把我的学习经验和方法传授给你们。我的办公室在二楼，随时欢迎同学们到我那里问问题、谈心。我也希望同学们在学习中能够勤思考、勤提问、勤练习，把数学这一重要的学科学得更好！最后，我要送给你们一个公式：自尊＋自信＋自强＝成功。祝愿同学们在新的学期里有新的进步，你们是最棒的！谢谢大家！

看似简单的几句见面语，包含了几个方面的内容：问候、高兴的心情、对学生的信心、透露自己大学获奖之事让学生对自己有信心、新教师愿意和学生交流、新教师对学生的希望等。整个内容没有大话空话，都是学生爱听的，特别是结尾的特殊公式，既贴合数学课公式多的实际，又对学生有一定的激励作用。

(四)心理调控技巧——自然大方、从容不迫

人们在即兴发言时难免会紧张，但这种紧张于事无补，所以要放松精神，避免慌不择言；要充满自信，放开胆量，避免呼吸急促、抓耳挠腮、摆弄衣角、目光游移等不良表情和动作，要给听众留下自然大方的印象。还应在讲话过程中及时调整情绪，注意与听众交流。做到仪态、语速从容不迫，感情、语调收放自如。

［技能训练］

一、当你到一所学校实习时，被安排到初中一个班级做班主任，第一次和学生见面时，你准备说什么？

二、班里从其他系转来一位新同学，在班会上，辅导员让大家说几句话表达对新同学的欢迎，你会怎么说？

三、假如你获得了学校演讲比赛一等奖(马拉松比赛第一名、英语口语大赛二等奖……)，请你发表获奖感言，你会怎么说？

四、假如在学校的教学技能比赛中，你抽到的即兴演讲题目是"爱，是师德之魂，谈谈你的理解与认识"，你会怎么说？

第六章　交际语

第一节　交际语概述

一、什么是交际语

人际交往是人与人之间相互联系的行为，是人们运用一定的方式和手段，交流思想、传递信息，从而达到某种目的的社会活动。交际语是适应人际交往需要的一种口语表达类型。

交际是人类生存的基本需要。随着社会的不断进步与发展，人类的交往日益频繁，特别是 21 世纪的今天，世界经济全球化、网络化、信息化，人们的社会联系更加密切，交际更加广泛，人际交往的重要性更加突出了。在学校，教师与学生之间、同学与同学之间都要学会互相沟通。实践表明，善于与学生沟通的教师，更能得到学生的喜爱、信任和尊敬，使学生更乐于、更易于接受教育；善于交往的学生，往往容易受人重视，受人欢迎，能赢得更多的友谊、信任、支持和帮助，学业上也更容易取得成绩。而语言交际正是建立和协调人际关系的重要纽带。

大学生在交际中使用文明语言，不仅能体现其谦虚美好的品德，更能让人体会到人与人之间的温暖与友爱。亲切柔和的语气语调、热情诚恳的话语，都能使交谈双方受到鼓励和安慰。所以，口语交际是大学生必备的基本技能之一。大学生要充分认识到口语交际的重要性。

二、交际语的基本要求

(一)以诚感人

口语交际中的双方应抱着诚恳的态度进行交流，说话时的态度是决定交际成功与否的重要因素。心理学认为，交际能够顺利进行的重要基础是双方相互信任，交际的一方一旦发现对方有不诚实的信号出现，交际活动就会受到影响。相反，诚恳的态度可以有效促进交际活动或弥补交际活动的不足。诚恳的态度更容易打动对方，赢得对方的心理认同，从而收到事半功倍的效果。

（二）以理服人

在口语交际中，双方必须说理、讲理，具有可接受性，如此才可能使对方认同并接受自己的观点和建议。交际双方应该运用自己的知识和阅历，灵活判断和及时调整自己的语言交际策略，根据不同的交际对象和交际场合，采取恰当的说理方式。

（三）以情动人

"感人心者，莫先乎情"，真情是交际的根本。充满诚挚情感的话语更能唤起公众的情感认同，从而达成理解、促成合作。情感是语言的根基和核心，是人们交际活动的润滑剂。在口语交际中，交际者既要选用能够准确表达思想内容、蕴含炽热情感的语言，使社交顺利进行，又要通过得体的姿势、友善的表情、恰当的动作等态势语传递信息、交流情感。

三、交际语的类型

不同的交际环境、交际目的和交际对象决定了交际方式。交际语可分为两大类：一是交流沟通语体，二是社交应酬语体。交流沟通语体主要是指日常生活中的交谈，这是人际交往中最基本的交流沟通方式，也是人们使用最普遍的一种口语交际形式。此外，面试也属于交流沟通语体，但有一定的特殊性。社交应酬语体是指人们在社会交往中运用的口语交际形式，主要包括接待、拜访等。

第二节　交流沟通语体——交谈

交谈，是指两个或两个以上的人之间的谈话或对话。上下级之间、同事之间、家庭成员之间、教师与学生之间、同学之间、朋友之间、商家与客户之间，乃至公共场合与陌生人之间都可以交谈。交流思想、洽谈工作、调查访问、切磋技艺、联络感情、商讨对策及聊天、谈心、打电话等，都要用到交谈。

交谈要以互相尊重、理解为前提。每一个交谈过程，都是双向直接沟通，直接面向交谈对象，只有互相尊重和理解，才能保证交谈的顺利进行。交谈双方，不论年龄、级别、职务如何，都应平等相处。即使地位悬殊，如上级和下属交谈，上级也不可盛气凌人、颐指气使，而应尊重对方的人格和能力，理解对方的处境和困难；即使对方交谈中有失误，也要予以谅解。只有双方保持诚恳、和蔼、谦逊、热情的态度，获得彼此的信任，才能使交谈深入下去。

一、交谈的类型

交谈按照其性质和交谈目的可以分为聊天、谈心、问答、洽谈四种。

（一）聊天

聊天是一种十分随意的、非正式的交谈。交谈双方（或多方）无须任何准备，不受形式拘束，话题丰富多样、轻松愉快，属于自由度较大的"闲谈"。

（二）谈心

谈心是交谈双方以坦诚的态度抒发情感、交换心得、表达主张的一种交流方式，是一种深入的交谈。谈话双方重在沟通感情，针对某些思想问题进行交流。在日常生活中，人们为了增进了解或消除彼此间的误会和分歧，或为了做思想疏导工作，往往采用谈心的方式，一般多在朋友、亲人、师生、同事、同学间进行。在学校教育工作中，谈心是一种重要的师生交流方式。

劝说是谈心的一种。交谈的一方通过说服的方式改变对方的观点、立场、态度。劝说时不要急于求成，应当晓之以理、动之以情、导之以行。可以从双方感兴趣的话题入手，避实就虚，逐步过渡到劝说的主题上；也可以从对方的角度分析问题，促使其自觉对自己原有的观点、立场和态度做出否定性的评价，从而达到劝说的效果。

（三）问答

问答是一种重在提问与回答的双向性交谈。由于问题明确、针对性强，双方一问一答，配合紧密。因此，这种问答式交谈多出现在采访、求职、答辩、咨询和课堂教学中。

（四）洽谈

洽谈的意思是接洽商谈，一般指双方当事人对一定的经济事项，进行初步的接洽、商谈，以探索其实现可能性的交谈行为，是一种通过交谈期望得到协作或支持的口语交际方式。洽谈中注意要用商量的口吻，提出的要求应在对方可能答应或可以实现的范围内，且态度真诚，并且要表示出自己愿意承担的义务。双方态度诚恳，互惠互利，洽谈才会成功。

二、交谈的特点

(一)互动性

交谈是一种双向或多向互动的传递语言信息的言语交流活动。交谈者之间互为听众，互为说话者，在共同的信息交换活动中围绕话题发表意见。在话题的提出、展开和完成的过程中，双方需要互相配合、激发和补充。参与交谈的各方不仅要善于说，而且要善于听，听说兼顾，听说配合，才能保证交谈的顺利进行。

(二)灵活性

交谈是一种双向或多向互动的语言交际方式，和一般的单向式的演讲、发言、报告相比，交谈具有更多的灵活性。就交谈的内容而言，交谈者之间可以就一个共同的话题展开，也可以随着交谈的深入随时提出或更换新的话题。交谈的对象、场合、时间和交谈方式，都可以根据交谈的条件和目的进行比较灵活的处理。

(三)口语化

交谈一般无须做书面准备，交谈时，语言信息的传递非常快捷，没有时间也没有必要对语言进行润色加工，只用日常平实自然的语言即可。交谈不太讲究完整和严密，以达意为主。对话中短句多、停顿多，语句、语段比较松散，甚至省略某些内容，借助交谈的语境、表情、动作等来补充或代替对话中省略的部分。因此，交谈的口语化色彩相当明显，有自然明快的特征。

三、交谈的基本要求

(一)了解交谈对象，讲究交谈方式

"看什么人，说什么话"，不是"看人下菜碟"，而是面对不同的人，选择不同的说话方式，是现代社会交际的要求。一要了解对方的职业和文化水平；二要了解对方的性格特征和对方对自己的看法和态度；三要了解对方的处境、心境和思想动向。据此，

选择恰当的交谈方式。若对方主动找上门来或态度积极，则说明其有交谈的愿望，这时可采用开诚布公的方式进行坦率的交谈；若对方态度冷淡，不愿就你提出的话题做出回应，则说明对方缺乏交谈的愿望和诚意，这时不能性急，而应先以平等待人、诚挚友好的态度，与对方建立起感情和信任，使对方有交谈的愿望。对交谈对象了解得越多，越有利于交谈的顺利进行。

心境的好坏，直接影响交谈者对一些事物的看法与行动。不了解对方的心情，不根据对方的心情选择交谈方式，就不会有好的交谈效果。如果对方心情十分烦躁，你却在这个时候批评他，无异于"火上浇油"，一谈即崩。

交谈方式还要考虑对方的性格特点。与性格憨厚的人交谈，说话要实实在在，不要旁敲侧击；与性格直爽的人交谈，要痛痛快快，直言快语，不要吞吞吐吐；与性格孤僻的人交谈，要推心置腹，循循善诱，不要拐弯抹角。了解对方，还包括了解对方与自己的关系。关系密切，可以直接谈、深入谈；关系一般，说话就要谨慎，把握分寸，以免出现僵局。

(二)注意交谈场合，把握交谈时机

交谈的地点和环境是一种"副语言"，直接影响交谈者的心理。因此，在交谈前要看客观情境是否有利于交谈，如喜庆的场合，不宜谈让人不高兴、伤心的话题，令人扫兴；悲痛的场合，不宜夸夸其谈，乱用幽默，令人反感；人多的场合，不宜一味说自己，不给别人留机会；人少的场合，要注意活跃气氛。另外，要注意观察交谈对象的情绪状态，把握好恰当的时机进行交谈。

(三)注意交谈时的体态、语调

对象不同、内容不同、目的不同，交谈时的体态和语调就不一样。但表情自然、语调平和、态度诚恳是最基本的要求。如果找学生谈话，眼睛都不注视对方，一副忙于批改作业的样子，容易让学生有一种被轻视的感觉，使学生产生逆反心理，不利于交谈，甚至会因此带来不良后果。而亲切自然的体态、委婉柔和的语调，会使交谈对象轻松地开始交谈，使交谈顺利进行。

(四)细心倾听，积极回应

良好的倾听是交谈顺利进行的必要条件。会听才能准确地把握谈话对象的意图，并促使对方深入地谈下去，从而达到交谈的目的。在交谈中，首先，要认真倾听、充分重视对方的发言，不要轻易打断别人的话，特别是对方批评自己或与自己意见相左

时，不要马上就反驳，尽量让对方把话讲完。其次，要及时做出反应，或点头表示赞赏，或目光注视，或微笑鼓励对方继续，或在适当之处插入"说得对""是这样的""真有意思"等，这会极大地鼓舞说话者，使交谈愉快地进行下去。最后，要准确地捕捉对方的话语信息，正确理解对方说话的意图和内涵，既要抓住对方说话的要点，还要善于体察对方谈话中的弦外之音。通过说话者的语气、用词及言语背景，理解潜藏在话语中的深意，从而提高双方交流的质量和效率。

[技能训练]

一、和你同班的王洋同学进入大学的第一年不仅参加了学校组织的演讲比赛、运动会，而且期末考试的成绩也名列前茅，你主动邀请他做一次有主题的交谈。

二、针对下面的这种情况，组织学生讨论，如果班主任采取的是和家长谈话或和学生谈话的形式，这场谈话该如何进行（内容、形式）？

假如你是一名初中班主任，你班上有一名学生各科学习成绩都很落后，对学习也越来越不感兴趣，甚至产生厌学情绪，你怎么办？

三、假设你和好朋友闹了矛盾，请你主动和他交谈，缓和两个人的关系。你准备说什么？怎么说？

第三节　交流沟通语体——面试

一、什么是面试

对于在校大学生来说，面试有两种情况：一种是求职面试，另一种是考研面试。

求职面试是用人单位对求职者的形象、业务能力等方面的直观检测，也是求职者表达自己的见解与要求、展示自己的素养与能力的机会。

随着经济全球化的不断深入和科技的快速发展，当今的就业环境正经历着前所未有的变革。人才选择和职业流动越来越频繁，人才市场不断发展与完善，自主择业、双向选择已成为常态。在这个充满挑战与机遇的时代，求职者需要不断提升自己的技能和适应能力，以便在激烈的竞争中脱颖而出。一个求职者要找到一份自己满意的工作，不仅需要具备相关的学历等基础条件，而且需要熟练掌握求职应聘技巧，特别是语言表达技巧。

考研面试指的是研究生入学考试中的面试环节，是研究生招生考试中的一部分，通常在笔试之后进行。通过面试，报考学校可以更全面地评估考生的学术能力、专业素养、沟通能力等。近年来，考研人数呈上升趋势，考研压力也越来越大。考生在笔试顺利通过后，如何做好面试准备？如何在面试中应对导师的各种提问，更好地表现自己，从而成功被报考院校录取？清晰流畅的语言表达是非常重要的能力。

可以说，面试是求职者和考生展示自己价值的重要机会，是每一个渴求工作和渴望被心仪学校录取的考生必须通过的一道重要门槛。因此，大学生学习一些面试的基本技巧是十分必要的。

二、面试的基本策略

(一)准备充分

求职者或考生在面试前一定要精心准备，越充分越好。求职者要了解用人单位的性质、业务范围、发展情况。考生要了解所报考学校和专业的研究方向，复习专业基础知识，预测可能会被问到的专业问题。准备时，大家尽量把要表达的重点写下来并记住，以便面试时能用最简洁的语言、有条理地回答问题。特别是容易怯场的人，充分的准备可以让人更加镇定。

面试的准备工作可以从三个方面进行。一是个人情况。熟悉自己的简历，重点是个人的经历、专长、性格特点及优势。二是想一想面试官和导师可能会提出的问题，一般面试官和导师会重点关注你对这个工作或专业的热爱、向往的程度；你是否适合做这个工作或是否有能力做好这份工作；等等。三是想好自己要问的问题，比如职业规划、研究规划方面的，对方对自己的一些具体要求等，尽量避免没有经过考虑就脱口而出的情况。

此外，还要做好着装准备。整洁、得体的着装会给面试官和导师留下良好的第一印象。

(二)主动热情，积极回应

在面试时，要始终保持一定的热情，对面试官的任何问话都要表现出兴趣，避免漠然置之。热情的人总是会给人留下开朗大方、阳光的好印象。对于面试官的问题，应尽量做出恰当的回答。很多时候，面试官是想通过不同的问题甚至是表面上和工作无关的问题来测试你的反应能力及综合素质。

(三)态度坦率、真诚

一个坦率、诚实的应聘者，成功的机会更多。因此，不要为了眼前能得到一个工作或升学机会，过度"包装"自己的履历，甚至不惜说谎，如篡改履历、涂改专业成绩、隐瞒实际情况等。

当用人单位了解了真实情况后，不仅会解聘，而且会写下人品不好的评价，严重影响今后的求职和求学。遇到专业性很强的问题，如果自己确实不懂，那么应坦率承认，千万不要不懂装懂，也不要为掩饰自己的不足而拐弯抹角、牵强附会地回答，有经验的面试官会一眼识破，这不仅暴露了自己知识的浅薄，还会给人留下不诚实的印象。回答问题的前后一致比回答的正确程度还要重要。

(四)维护自尊，不卑不亢

在大部分场合的交谈中，我们都应该做到自尊自爱、不卑不亢。比较妥当的做法是态度谦逊，适度赞美对方，表达求职和求学的诚意；不卑不亢，给人的印象是有能力且为人谦虚、谨慎，更容易被用人单位录用、学校录取。

当然，谦逊既不是一味迁就，也不是缺乏个性和见解，在该表现自己个性和独特见解时，应大胆沉稳地去表现。总之，我们要瞅准机会，把握时机，掌握分寸。

(五)适当提问

面试中除了要积极回答面试官提出的问题，也要适时提出自己事先准备好的问题。求职者可以先提工作求职方面的，如单位有无对职工的职业培训、进修计划，学校有无对学生的培养计划等，再提职工福利方面的问题，如能否为职工提供住宿，薪酬待遇怎样，等等。

三、面试的技巧

(一)礼貌、谦逊

面试时，一定要做到礼貌、谦逊。说话时，态度和蔼，语气平和，言辞文雅，回答从容得体。不论是自我介绍，还是回答询问，都要使用必要的谦辞、敬语，表现出彬彬有礼、落落大方的姿态。千万不要自以为是，狂妄自大，不尊重对方。

（二）清晰、自然

面试时，发音要清晰，语言要得体，要让每一位面试官都能听清你说的每一句话；声音自然，语速适中，要给人不急不躁的感觉，这样有利于缓解紧张情绪。

（三）明确、简洁

面试者的语言一定要既明确又简洁，尽量做到以下几点。

1. 避免说话含糊

由于面试时间有限，回答问题时应先讲对这一问题的基本观点，然后再逐一加以论证、解释，一般不超过三点。这样既有利于自己组织材料，又能给面试官留下头脑清晰、思路清晰的好印象。表达含混不清，说话跑题，答非所问，不仅会冲淡主题，还会给人留下不好的印象。

2. 避免啰唆、重复

面试者要围绕提问进行回答，语言要尽量简洁。切忌说话啰唆、冗长。过多的重复会让人觉得你平时办事拖泥带水，更不要为了显示自己的口才而滔滔不绝，那样只会适得其反。

3. 避免使用口头禅

常见的口头禅有"这个""那个""嗯""啊"等，应避免使用。语言能力是面试官评判的一项重要指标，过多使用口头禅，会给人留下犹豫不决、紧张甚至迟钝的印象，直接影响你的录用。

（四）灵活应变

虽然面试对于求职者和考生来说是一种被动谈话的形式，但也不必过于拘谨、刻板，要学会察言观色，了解面试官的真实心理和意图，灵活应变。若面试官有兴致听下去，则会用微笑的表情、鼓励的眼神暗示你。相反，若面试官的注意力不集中，用手托着脑袋，则说明其对你所谈内容不感兴趣，你应该适时停止谈话。

[技能训练]

下面是面试中经常遇到的十大问题。同学们思考后，每个人选择一题进行回答。然后大家集体讨论，看看怎样回答效果最好。

1. 请介绍一下你自己。
2. 谈谈为什么选择我们单位(或学校)。
3. 你对我们单位(或学校)了解吗?
4. 你自信能做好这份工作吗?
5. 你愿意到基层去吗?
6. 你入职(入学)后打算如何和同事(同学)相处?
7. 谈谈你的兴趣爱好。
8. 你的优缺点分别是什么?
9. 你的长远目标是什么?
10. 你认为金钱、名誉和事业哪个重要?

第四节　社交应酬语体

日常人际交往是人们社会生活的重要内容之一。每个人都希望通过交往建立和睦的亲属关系、邻里关系、同学关系、同事关系等社会关系,在更加温馨和谐的人际关系中学习、工作、生活。

社交应酬语是人们在日常社会交往中经常使用的口语形式,体现在社会生活的方方面面。掌握基本的社交应酬语是大学生必备的素质之一。作为教师,掌握基本的社交应酬语的技巧也是十分必要的。

社交应酬语包括的内容很多,这里主要介绍几种常用的方式。

一、寒暄

寒暄本指社会交往中人们谈论天气冷暖之类的应酬话,后来泛指见面时的各种问候和应酬性的话语。作为人际交往的常用手段,寒暄具有很强的礼节性。见面双方通过寒暄表达自己见到对方时的喜悦或欢迎的态度,以此联络感情,保持友好的关系。

寒暄看似简单,其实有很多讲究。根据不同的时间、地点、场合,不同的对象,寒暄的用语、方式都有所不同。人们在交往中可以只进行简单的问候或礼节性的简短交谈,也可以通过寒暄为进一步深入交谈创造和谐的气氛,为引出共同的话题做铺垫,以此让双方的沟通和交际渠道变得顺畅。

二、拜访

拜访是联络感情、拓宽社交范围的交谈方式。有时是礼节性的拜访,如学生看望老师；有时是工作性的拜访，如到其他单位联系工作事宜。通常是下级拜访上级、学生拜访老师、晚辈拜访长辈等。无论哪一种拜访方式，都需要遵循拜访的有关礼仪，掌握一定的交谈技巧。这种交谈特别需要注意的是使用礼貌的语言和保持热情谦虚的态度，表现出较高的说话水平。只有做一个受人欢迎的拜访者，才能达到拜访的目的。拜访需要注意以下几点。

(一)事先约定

拜访前应与要拜访的人打好招呼，约定好时间和地点，不要贸然前去，让对方没有任何心理准备。前去拜访时一定要按照约定的时间，中途遇到特殊情况晚到或取消拜访时一定要及时通知对方，否则会直接影响拜访目的的实现。

(二)适度寒暄

见面后要适度寒暄，进行礼节性的问候，既可以融洽气氛，缩短双方的心理距离，为进入正题做好铺垫，又能显示出拜访者的周到、谦恭和有教养。如"您最近身体还好吧""您工作比较忙吧"等。千万不要进门就直奔主题，让人感觉很突兀。

(三)把握"对方中心"原则

拜访中，先就对方关心的话题谈起，时时注意对方的表情，获得信息反馈，及时调整说话内容。交谈时，以倾听为主，回答应简洁而有分寸。准确理解对方的意图及对方对话题的兴趣，然后以对方的话题为起点，逐渐转到自己的话题上，委婉地表达自己的见解。尽量避免争论，要注意话题和时间的控制，这样能使交谈始终处于愉快的状态。当然，如果确知对方比较忙，时间有限，也可在适度寒暄后说出拜访目的。

拜访时，一定要考虑到被拜访者的年龄、职务、身体状况、兴趣爱好，以便选择相应的话题进行交谈。在对长辈进行拜访时，应给他们带去轻松的话题，谈一些他们愿意了解的东西，让他们有话可说并且获得精神上的愉悦和慰藉。不要谈生、老、病、死等令人伤感的话题。拜访时间不宜过长，一般以 30～40 分钟为宜。过短，显得应付；过长，令人不悦。在整个拜访过程中都要彬彬有礼，给人留下良好的印象。

三、接待

在社交应酬中，接待的范围很广，如上级领导来检查工作、有业务关系的单位前来洽谈、兄弟单位来参观学习交流，等等，都离不开接待。来访者不论来自何方，都应该认真对待。

尽管接待的对象广泛，来访者的情况各不相同，但接待工作有共同的特点：礼貌待客，热情周到。同时也要根据对象的不同，采取灵活多样的接待方法。对不同的宾客，有不同的接待规格和程序，要按照有关规定和单位的具体情况来定。

接待通常包括出迎问候、介绍、交谈、送客四个环节。

（一）出迎问候

当客人到来时，应热情诚挚地表示欢迎。常用语有"您好！欢迎您！""您是×××先生吧？欢迎您！一路辛苦了""欢迎大家前来指导我们的工作"等。

（二）介绍

同来宾相处要通过介绍姓名、职务等，明确双方的身份、关系、称呼，包括自我介绍和为他人介绍。在介绍时，我们应注意礼节，要先向双方打招呼："请允许我介绍你们认识""请允许我来介绍一下……"同时注意介绍顺序，把年纪轻的介绍给年纪大的，把男士介绍给女士。介绍时态度应庄重，切忌使用不恰当的称呼。

（三）交谈

接待中的交谈应根据接待对象的不同采用恰当的交谈方式，注意倾听，理解对方的意图、要求，表明自己的观点和意见。同时，语言要得体、委婉。

（四）送客

送客时，为了表达感激之情，通常人们可以说一些致谢、欢迎再来、道歉之类的话。比如，"再见！欢迎下次再来""接待不周，请多多原谅""希望今后常联系"等。

接待关系到接待方的形象和信誉问题，每一个环节都不可掉以轻心。对待各方来客，都应满腔热情，诚心接待，想其所想，急其所急，确实为之解决问题，使其高兴而来，满意而归。对待宾客要一视同仁，不论其地位高低，都要热情，不能厚此薄彼。整个接待过程应是亲切友好、轻松愉快的。

[技能训练]

一、你准备前去拜访小学班主任。让口语老师或同学假扮你的小学班主任，你会和他进行怎样的交谈呢？

二、附近的某大学有一个班要和你所在的班级进行"友好结对子"活动，他们要来你所在的学校参观，你作为班里的学生代表进行接待工作。现在，请演示一下整个接待过程。

三、在火车站候车大厅等车时，你遇到了一位老乡。请模拟一下你和他之间的简短对话。

第七章 教育口语

第一节 教育口语概述

一、什么是教育口语

教育口语是教师根据国家的教育方针和政策，有针对性地对学生进行思想品德、行为规范教育过程中所使用的工作用语。

教育口语包括教师工作口语和教学过程中教师对学生进行学习理想、学习态度和行为规范等方面的教育口语。它的主要特点就是说服、鼓动、激励而富有感召力。运用富有说服力和感召力的道理或事实，去激励学生树立理想、积极向上、健康成长。

教育口语对于提高学生认识，培养学生良好的品德情操，使学生树立正确的世界观、人生观和价值观，开发学生的智力因素及非智力因素都起着重要的作用。积极健康的教育口语还能沟通师生情感，疏导学生的心理障碍，化解同学之间的矛盾，对增强集体凝聚力、调整人际关系有直接的作用。教育口语运用得当，对学生的健康成长会产生积极的影响。

二、教育口语的特点

(一)有的放矢，针对性强

教育工作有一定的复杂性。要对学生进行行之有效的教育，必须找准症结，对症下药，做到因人而异、有的放矢，使受教育者心悦诚服。用于教育学生的语言，不能千篇一律、千人一腔，必须有针对性。面对特定的对象，要运用特定的方法；针对不同性格的学生，要有不同的内容。

(二)以理服人，说理性强

摆事实，讲道理，以理服人，是教育学生明辨是非、曲直、美丑、善恶最有效的手段。教育学生，让学生不仅知其然，还要知其所以然。教师要以正确的理论为根据，用摆事实、讲道理的方法，指出问题的性质、影响及根源，帮助学生明辨是非、分清美丑，使他们从中获得正确的认识。在教育过程中，对学生无论是说服、劝导还是批评，都要以理服人。教育口语具有很强的说理性，不能无中生有，要从学生的实际出发，符合学生的认知能力、思维水平和心理特征。

(三)动之以情，情感性强

动之以情，晓之以理，是教育学生的一种行之有效的方法，也是教育口语的鲜明特征。苏霍姆林斯基说过，情感是道德信念、原则和精神力量的血肉和核心，没有情感，道德就会变成枯燥无味的空话。教师进行思想教育时，要以情感人，引起学生思想感情上的共鸣，激发学生健康向上的情感。情感的流露要自然、真诚。态度应亲切中肯，或语重心长，或轻言细语，切不可高高在上、盛气凌人。

(四)庄谐有度，灵活性强

教育学生时，不能总是板着面孔训人，而应庄谐有度。庄，庄重严肃，指说话内容正确，态度诚恳，举止端庄，语气坚定；谐，诙谐风趣，指说话方式风趣、幽默，生动活泼而不油腔滑调。

教育口语可以是长篇大论，比如给学生做一次报告，也可以是三言两语，比如一句提醒、几句暗示；可以在课内的学科知识中生发开来，也可以从课外与学生的各种交谈中反映出来，不必像教学口语那样受到时间、地点、内容的限制，灵活性较强。由于家庭、社会等各方面的原因，不同的学生在思想行为、性格品质等方面有很大差异。同一位学生，在不同的时期也会有不同的心理状态，其思想认识会处于不断变化的过程中。因此，教师要在情况各异、错综复杂的教育、教学情境中，灵活驾驭语言，时时、事事、处处发挥教育口语的作用。

三、教育口语的基本要求

在学校教育工作中，教师要善于针对学生的不同思想和个性特征，选用不同的语言进行教育。在具体运用过程中，我们应注意以下几个方面的要求。

(一)平等、民主

无论是校内还是校外，也无论是课上还是课下，在教育过程中，教师与学生是教育者与受教育者的关系。教师要与学生建立平等友好、互相尊重、互相信任、互相合作的师生关系。在民主平等的教育氛围中，教师要给学生发表意见的机会，学生的个性才能得到充分展示。教师只有尊重学生，平等待人，才会获得学生的尊重和信任，成为学生最信赖的人和吐露心声的对象。只有这样，教师才能真正了解和把握学生的思想动向，从而取得最佳的教育效果。

(二)方式得当

在教育过程中，教师要采用恰当的教育方式。要有针对性，要因人而异、因事而发，有的放矢，切忌泛泛而谈、没有重点。教育形式要适应教育对象的心理发展水平和特点。比如，低年级的学生喜欢受到表扬，多使用表扬语能起到积极作用；而高年级的学生独立意识比较强，就不能单纯用说服的方式，可以加强沟通。另外，还要注意表扬与批评相结合、个人与集体相结合。比如，学生有了进步，教师不要一味表扬，还要及时提醒他应戒骄戒躁；学生犯了错误，教师也不能简单粗暴地批评，要在肯定优点的同时指出他的错误，使学生心悦诚服，更快地改正。同时，教师还可以利用各种集体活动的机会，对全体学生进行各种规范的正面教育，提高集体素质，创造良好的集体环境，使大家共同提高、共同进步。

(三)语言简洁

教师在对学生进行思想教育时，应力求用词准确、语句简短、逻辑清晰、语义明了。语言要生动、要有活力。

第二节　教育口语的基本类型

一、表扬语

(一)什么是表扬语

表扬语是对学生良好的思想品德行为、学习成绩以及某种进步给予肯定性评价和赞美的教育性语言，是教师在教育工作中常用的一种正面教育的有效方法。

卡耐基曾说过："称赞对于温暖人类的灵魂而言，就像阳光一样，没有它，我们就无法成长开花。"教育心理学也证明，每位学生都有得到老师表扬与赞许的愿望，一旦愿望得到满足，便会激发学生的积极情感。对学生来说，获得老师的表扬不仅是一种获得荣誉的享受，更是对学生个人价值的重要肯定，会进一步坚定其信心、增强其勇气和力量，使其向更高、更好的目标迈进。

正确地运用表扬语，可以树立榜样，鼓励先进，鞭策后进，对形成良好的班风、增强集体的凝聚力具有重要的作用。

（二）表扬语运用的策略

1. 抓住时机，及时表扬

学生都有较强的自尊心，希望得到别人的重视，博得他人的赞赏，尤其希望得到老师的表扬。当学生思想上、学习上有了进步时，老师要及时表扬。教师要根据不同的情况，选择恰当的表扬方式。可以当众表扬，也可以私下表扬；可以口头表扬，也可以给家长写信表扬。不管采用哪种方式，都要抓住时机，及时进行。这就需要教师善于捕捉学生身上的闪光点，发现他们的细微进步，及时而适度地给予表扬。只有这样，才能使学生好的思想、好的行为得到强化。如果表扬过晚，时过境迁，不仅会使受表扬的学生感到失落，表扬的效果也会大打折扣。

2. 态度真挚，语言中肯

表扬是为了鼓励学生发扬优点，不断进步，因此，在表扬的过程中，老师的态度应该是真挚的，语言应该是中肯的。表扬的内容要有理有据，既有具体实在的内容，又有理性的分析。教师要引导其他学生从别人良好的行为中理解其行为意义，帮助其他学生提高思想认识，达到树立榜样、鼓励先进、带动后进的目的。

3. 客观公正，掌握分寸

正确的表扬应该客观公正，没有偏私。表扬是激励学生的良好方法，但也不能过多，否则会适得其反。教师在运用表扬语时必须把握好分寸，不任意拔高，不说过头话。总之，教师要根据学生的具体情况，掌握好表扬的分寸尺度。在使用表扬语时应该特别注意以下几点。

（1）要处理好集体表扬中的集体和个人的关系，不要将集体和个人对立起来，更不要一味夸大班干部的作用，这样容易造成班干部与其他同学的对立，不利于班集体的管理。

(2)对后进生要适当"倾斜"，随时观察学生的微小变化，注意寻找与发现他们身上的闪光点，及时表扬，以便激发与巩固他们的进步行为。

[表扬语范例]

某校有名体育特长生叫王刚，学习不努力，上课经常迟到，班主任和各科老师多次对其进行提醒、教育，效果并不明显。有一天，上课铃声响后，他才匆匆忙忙走进教室。老师看了他一眼，示意他回到座位上去。这时，这位同学看见黑板上密密麻麻的内容，确定是上节课后值日生没有擦黑板，他走上讲台，用力把黑板擦得干干净净。针对这件事，班主任对全班同学说：

"今天，我非常高兴。为什么呢？大家都知道，王刚是个迟到大王，因为上课迟到的事，各科任课老师都提醒教育过他。今天他又迟到了，但我看到了他和以前不一样的地方：第一，他是匆匆忙忙走进教室的，说明他不想迟到，已经从思想上有了改变；第二，他在老师没有要求的情况下主动把黑板擦干净，而我们那么多早来的同学竟然没有一个人想到上来擦黑板，说明王刚同学想得很周到、很勤快，他知道上课过程中老师要用到黑板。这表明他不仅热爱集体、关心集体，而且做事能为他人考虑，值得我们大家学习。如果王刚同学今后上课能再早点来，不要迟到就更好了。"

班主任的话让王刚既激动又惭愧。班主任不仅没有批评他迟到，还因为擦黑板这件小事而表扬他。我们相信，经过班主任的这次表扬，王刚同学会暗自努力，以后不仅不会迟到，学习也会越来越努力。

教师在教育过程中经常用到的表扬语句如下。

(1)你的想法很有创意，看来你是认真思考了。

(2)通过你的发言，老师觉得你不仅认真听了，而且积极动脑思考了，好样的！

(3)你预习得可真全面，自主学习的能力很强，课下把你的学习方法介绍给同学们好不好？

(4)谢谢你指出了老师的错误，使老师不会错一辈子。

(5)你的进步可真大，老师为你感到高兴！

(6)你虽然没有完整地回答问题，但你能大胆发言就是好样的！

(7)你很勇敢，第一个就举起手来，说错不要紧，关键是敢于发表个人见解！

(8)虽然这句话读错了，但老师和同学们都很佩服你的勇气，下次努力！

(9)你的发言给了我很大的启发，谢谢你！

(10)你的声音真好听，你能再大声读一遍吗？

(11)这个问题提得真好，谁愿意帮助他解决一下？

(12)你们不仅说得好，而且会听取别人的意见和看法。

(13)这是你们合作成功的果实，老师为这份成果而欢喜，更为你们积极参与的精神而叫好。

(14)我们今天的讨论很热烈，参与的人数也很多，效果不错，我为你们感到骄傲。

(15)你真爱动脑筋，这么难的问题你都能解决，真棒！

二、批评语

(一)什么是批评语

批评语是对学生的缺点、错误及不良行为进行否定性评价的口语形式。其目的在于指出学生的缺点、错误，阻止错误思想行为的发展，帮助学生改正，回到正确的发展道路上来。

青少年学生正处于身心快速发展的成长时期，在复杂的社会生活中，他们缺乏明辨是非的能力，难免会出现这样或那样的问题。这就要求教师及时发现学生身上的不足，切中要害地指出错误，帮助他们总结经验教训，选择正确的做法，以达到提高学生认识、激发学生上进的目的。

在学校教育中，通过批评能够有效地纠正学生的错误，增强学生对是非曲直的辨别能力，有时还能激发学生奋发向上的动力，有利于学生的健康成长，有利于学校形成良好的风尚。

批评和表扬一样，是思想教育工作中经常运用的一种方式，但批评比表扬敏感得多，更要讲究语言策略和艺术。

(二)批评语运用的策略

对待学生，既要敢于批评，又要善于批评。学生有错，一定要批评指正，但要讲究方式方法。批评要坚持实事求是的原则，不抱偏见；批评要有善意，不伤学生的自尊心；批评要讲究方法，能个别谈的，不采取公开批评，能暗示的就不挑明。尤其要注意以下几个方面的问题。

1. 选择场合，维护自尊

每个人都有自尊心，学生尤其如此。维护自尊也是每个正常人基本的需要。任何人在受到批评时，都会产生一种保护自我的本能。即使老师的态度非常诚恳，批评的方式十分温和，但只要有他人在场，学生都会感到伤面子。因此，特别是严厉的批评，应尽量在没有旁人的场合进行。大、中学生特别在意自己在异性心目中的形象，在有异性的场合，他们的自尊会表现得更为强烈、更为敏感。所以在异性同学面前，老师不宜对学生进行严厉批评，否则，一方面会影响批评效果，另一方面会让学生产生严重的逆反心理，甚至会导致学生当面顶撞老师，使批评起不到应有的效果。

当然，也要视错误的具体情况和性质而定，有些严重的错误必须当众批评才能对全体学生起到警示作用。

2. 把握分寸，讲究方法

教师在批评学生时，语言不宜尖酸刻薄。有时一个眼神就可以起到制止学生的作用。对待学生的缺点、错误，教师要有针对性，让学生明白错在哪里、错误的严重程度、错误的危害、有什么后果等，而学生有了改正错误的意识后即可停止批评，千万不可揪住不放、反复批评。

3. 细心观察，做好善后

批评，即使是温和的批评，也是对学生的否定性评价。学生受到批评后，难免会情绪低落、意志消沉甚至自卑。所以，教师应该细心观察被批评者的言行，一方面引导学生正确对待批评，另一方面对其受批评后的进步要及时予以鼓励。这样，既可以有效避免因批评带来的不良后果，又能使批评起到应有的教育作用。

批评的方式主要有以下两种。

(1)直接批评。毫不含糊地直接指出学生存在的缺点、错误，把错误事实、后果、处理决定、今后的要求等全部说出来。这种批评方式一般用于所犯错误性质较严重，学生认识不到所犯错误带来的严重后果，几次暗示后仍不知道改正时，教师可以通过直接批评的方式提醒学生注意。

(2)间接批评。不直截了当地批评当事人，而是用委婉含蓄的语言形式，让学生从中理解和领悟。比起直来直去的批评，这种方式比较温和，既能引起学生的注意，又不会让学生产生逆反心理。尤其是具有幽默感的暗示，更能让学生在轻松愉快的氛围中纠正存在的问题。例如，教师对迟到的学生这样说："今天我可以放你一马，明天我也可以放你一马，后天我还可以放你一马。不过，请你记住，我是教书的，不是放马的。"通过教师幽默的话语，学生能在轻松愉快的氛围中改掉迟到的习惯。

[批评语范例]

课堂上，总有几位学生听课不认真，或趴在桌上睡觉，老师用语言提醒，没有效果。如果公开点名批评，那么这些同学会感到尴尬。于是老师暂停讲课，对同学们说："我发现，每次上课时总有那么几位同学听课不认真或打瞌睡，看来老师讲课的吸引力不够啊，我要在今后的教学中加以改进，使我们的课堂形式更丰富一些。现在大家以前后四个人为一小组进行讨论：怎样解决上课学生听课不认真和睡觉的问题。然后每一小组派代表发言，讲出一个克服上课听课不认真和睡觉的办法。"同学们讨论得很热烈。讨论开始后，那几个听课不认真或睡觉的学生也加入了进来。此后，上课时听课不认真和睡觉的现象就很少发生了。

面对上课不认真和睡觉的学生，老师不仅没有把他们叫起来点名批评，反而先主动进行自我批评，然后让同学们通过讨论的方法解决学生听课不认真和睡觉的问题。这种迂回的教育方法，比公开点名批评学生的效果要好很多。

三、激励语

(一)什么是激励语

教师使用赞美、鼓励和说理的语言，激发、促使学生振奋精神，积极进取，勇往直前。这类教育口语形式被统称为激励语。

激励语具有很强的鼓励性。鼓励性强的话语能增强学生的自信心，激发他们的勇气和向上的力量，培养他们迎难而上和不甘落后的进取精神。而对后进学生和能力较弱的学生来说，赞美、鼓励的效果远远大于批评。

教师要学会激发学生内在的潜力，调动其自身的积极因素，把家庭、学校和社会对他们的期待转化为他们奋发向上的行动。

(二)激励语运用的策略

1. 因人而异，目标激励

教师要鼓励学生上进，就必须了解学生的需要，因人而异，掌握不同学生的年龄、性格、兴趣爱好等；多从正面肯定入手，以赞扬的方式说出；需要从消极中看到积极，从现象看到本质，从眼前的状况中预见美好的前景。教师要帮助学生树立远大的志向和美好的理想，激发学生学习的动机和求知的欲望，并且要在讲授知识的过程中流露出极大的热情和兴趣，这样会在无形中感染和激励学生，使他们朝着目标奋进。

2. 把握时机，正反激励

在教育教学过程中，教师要多观察、了解学生，掌握他们的动向，这样在发现他们的闪光点时，才能抓住时机进行鼓励，起到事半功倍的效果。激励时，教师可以从正反两个方面进行，即鼓励法和激将法。需要注意的是，激将法的使用必须建立在对学生充分了解的基础之上。

3. 言之有据，榜样激励

激励语的运用，还要用事实说话，不言过其实，不丧失分寸，同时避免激励性语言苍白无力。榜样的力量是无穷的，学生的心目中总有他们崇拜的偶像，因此，教师要善于根据学生存在的问题，为其树立正面典型。用具体生动的事例去影响学生，会更有一种真实感和感召力，能把空洞的说教变成样板示范，从而激发出学生模仿和追赶的愿望。教师在介绍榜样时要具体和切合实际，理性而有分寸，让学生感到亲切而易于接受。

激励语的运用通常要富有激情。要想把学生从低沉的、悲观的、沮丧的情绪中鼓动起来，唤起学生强烈的行动意识和成功欲望，教师的激励就需要饱含激情，语气肯定，句式短促有力。

教师运用激励语的方法多样，可以从正面对学生的良好行为给予表扬或赞美，可以讲述值得学习的好人好事作为学生行动的镜子，可以用恰当的、有针对性的赠言激励学生等方法。

[激励语范例]

有个男生一向淘气，作业写得也乱糟糟的，还总是迟到甚至旷课。但他的班主任李老师从不歧视他，因为她知道，男生没有妈妈，他的爸爸是个养鸡专业户，经常忙得顾不上管孩子。

有一天，李老师布置了一个作文题"我和祖国"。同学们都拿起笔，"唰唰唰"地写，唯独那个男生看着天花板，情绪低落。

李老师批改作文时，看到了一篇极奇怪的短文："祖国是母鸡，我愿意是一粒米。……"第二天，李老师在讲评作文时，格外地提到了这篇短文。她说："从地图上看，我们的祖国像只雄鸡，但有个聪明的孩子却认为，祖国的形状更像一只母鸡，也正是这个深情的'母'字，格外突出了他对祖国母亲深深的爱。他写道：'祖国是母鸡，我愿意是一粒米。'听，这就叫彻底的牺牲，这就叫深深的爱与浓浓的情！因此，老师认为，在这次交上来的作文中，这个'母鸡与米'的比喻最精彩，也最迷人。"

从这一天起，那个淘气的男生就彻底变了，仿佛一下子就长大了。

此后的他彬彬有礼，从不迟到和早退，更不曾旷课。他特别努力，作业写得干干净净的，作业本上的字，一笔一画整整齐齐的。那是他用心写的。

文中那个淘气的男生是幸运的，他遇到了心中有大爱的老师。正是李老师的激励，彻底改变了男生。你是否也想过做一个播种爱的人呢？

教师在教育过程中可以经常用到的激励语句如下。

(1)在这个问题上，你可以当老师了！

(2)你分析问题这么透彻，老师真希望每节课都能听到你的发言。

(3)这么难的题你能回答得如此完整，真是了不起！

(4)你好厉害！敢于向书本提出问题，真棒！

(5)老师真想在下节课看到你更出色的表现！

(6)希望下节课，你是第一个回答问题的人！

(7)相信自己，研究就是错了再试的过程。

(8)你的回答真是与众不同，很有创造性，老师特别欣赏你这一点。

(9)你提出的这个问题很有价值，我们可以共同研究一下。

(10)你很自信，自信是走向成功的开始。

(11)你的思维很独特，你能具体说说自己的想法吗？

(12)没关系，大声地把自己的想法说出来，我知道你能行！

(13)猜想是科学发现的前奏，你已经迈出了精彩的一步。

四、说服语

(一)什么是说服语

说服语是指通过摆事实、讲道理的方法，使学生听从和接受教师正确的意见、主张、措施或办法，从而放弃原来的观念、想法，改变行为举止的教育口语形式。

学生的一些不良习惯，如打架斗殴、沉迷游戏、上课看手机等，不能简单地以处罚了事，而是要进行耐心细致的说服教育。说服语是教师在教育活动中运用的语言形式，以充分的理由，通过讲述生动的事例，阐明正确的道理，打开学生的心扉。学生从中获得正确认识，从而改变原来不正确的观念和态度。

(二)说服语运用的策略

"说"是手段，"服"是目的。要使学生心悦诚服，教师必须先在学生中树立威信，必须做到"学高身正"。在运用说服语时，教师应注意以下几个方面。

1. 全面调查，做到有的放矢

教师在说服之前，必须进行全面调查，掌握第一手资料，做到心中有数。找到说服对象问题的症结所在，分析形成错误习惯与行为的根源，了解清楚问题出在什么地方，会产生什么样的后果，帮助学生分清是非，提高思想觉悟。还要了解和掌握说服对象的具体情况，特别是其性格、家庭状况，以便采用有针对性的方式进行说服。比如，对性格内向胆怯的学生，说服时语气要平缓，话语要委婉，言辞要充满鼓励、信任和理解；对性格外向任性的学生，可采用单刀直入的方式，有话直说，语气明确坚定，使对方感受到力量。只有这样，有的放矢地进行说服工作，说服才有针对性和可行性，才能有效地说服学生。

2. 推心置腹，做到心理相容

说服能否成功，在很大程度上取决于教师对待学生的态度。老师既要严格要求学生，又要热爱尊重学生，要创造和谐的师生关系，使学生感到温暖和友善。说服时先要消除学生的消极心理，可从闲谈入手，谈一些双方感兴趣的话题，有了谈话气氛，双方心理情感达到相容后再进行说服教育。老师在说服学生时既要肯定他们的优点，又要善意耐心地指出他们的缺点和错误，使学生感到老师既严格要求又友善和蔼，老师所做的一切都是为他们着想的。和学生推心置腹地交谈，效果会更理想。

3. 把握时机，做到以理服人

师生双方的言语活动受时间、地点、心境、语境的影响，因此，教师要把握情势，随机应变，选择对方易于接受的心境、场合，不要急于求成，慢慢达成共识，只有这样，说服才能成功。说服要让学生"心服"，就不能进行空洞的说教，必须用学生容易理解的典型事例或发生在学生身边的具体事实，结合学生的切身体验，去阐明抽象的事理。只有这样，学生才能听懂，才能信服。说服可采取正面引导的方式，启发学生自觉改正，反对用强制、压服和简单粗暴的方法处理问题。

说服通常可采用讲解、谈话、讨论、讲故事等方式。要努力使自己的语言充满感情，委婉得体，亲切中肯，有说服力和号召力。

[说服语范例]

高考临近，同学们学习异常紧张。熄灯后，还有不少学生在被窝里打着手电筒看书，白天的课外活动也不参加。针对这种情况，班主任说了这样一段话：

我很理解高考前大家紧张的心理。但有些同学不讲究学习效率，通过各种方法延长学习时间，打疲劳战，结果只能是事与愿违，事倍功半的。每年都有和你们类似的学生，因为过于疲劳，身体垮掉不能参加高考，或因为疲劳过度，记忆力下降，成绩不理想。所以，大家应该吸取教训，采用科学的方法，参加一些必要的课外活动，注意劳逸结合，保证有精力投入学习，才能有更好的效果，不是吗？

第二天，在操场上，又能看到高三同学奔跑、跳动的身影了。

教师站在为学生考虑的立场，通过讲道理、正反举例的方法说服同学们。同学们听后有明显的触动，说服力很强。

[技能训练]

一、请你说说作为学生希望在哪些情形下得到老师的表扬。

二、遇到下面的情况，能不能用表扬的方式处理？如果能，为什么？该如何表扬？

初二下学期，班里新转来一位同学。他不爱说话，每天上学都来得很早，作业也能及时完成，并且写得很工整。但月考后发现，除了道德与法治，这位同学的其他各门成绩都不及格。同学们都埋怨他拖了全班的后腿。他也感到很苦恼，更加沉默寡言了。

三、下面这位老师批评学生的方法对吗？如果不对，请你自己重新组织批评语，并说明你改动的原因。

吕鹏经常迟到，班主任多次找他谈话，谈一次，他就能准时几天，过后又常迟到。有一天，数学老师跟班主任反映，吕鹏又迟到了，请班主任再说说他。班主任一听，平时窝着的火一下就蹿上来了，冲进教室大喊一声："吕鹏，到我办公室来！"吕鹏急匆匆走进办公室，只听又一声吼："怎么连进办公室的规矩都不懂！"他赶忙退出去，重新喊了"报告"，才到了班主任跟前。

"你知道我为什么找你吗？"

吕鹏怯生生地说："我迟到了。"

"你还知道啊，真是一直不改啊，"班主任一边说，一边放下手中的书，"我说过多少次了，你怎么就是改不了迟到的毛病。连按时上学都做不到，你还能干什么？"

四、班里有一位复读生，刚到班上时，他信心满满，一心想考一所理想的大学。一次月考后，他的成绩不太理想，他就变得萎靡不振，上课时经常发呆、走神，注意力不集中，成绩下滑得很严重。如果你是一位高三班主任，如何说服他振作起来？

五、学校有个班的大多数学生的学习成绩都不理想，思想也不稳定，情绪低落。如果你来担任这个班的班主任，你会如何激发学生的信心？如何鼓励学生奋进？

第三节　适应不同对象的教育口语

教师面对的是一个个具有鲜明特点或个性的学生。这些学生在兴趣爱好、知识能力、个性特征上的差异，要求学校思想教育工作应该更多地从学生实际出发，区别教育，有的放矢，以使教育工作取得实效。适应不同对象的教育口语，主要有以下几种情况。

一、面对不同性格学生的教育口语

个性一般是指一个人在适应和改变现实环境中所形成的各种心理倾向和心理特征的总和，包括兴趣、习惯、气质和性格等方面。性格是个性特征的核心，在人们的个性心理结构中有着重要的地位和作用。教师要根据学生的性格特征，采取灵活的方法，有针对性地进行个别教育，培养和发展他们的优良品格，摒弃不良性格，促使其健康发展。

(一)面对性格外向的学生

外向型性格的学生情感外露，自由奔放，不拘小节，善于交际，独立性强，能很快适应外部环境，对语言比较敏感，但直观判断占主导地位，易受外部影响而改变自己的认识和态度。面对性格外向的学生，常用的教育口语有以下两种。

1. 直接说理

直接说理就是直截了当、明白无误地发表意见、阐述事理；或在明示道理的前提下直接表扬或批评，或直接告诉该怎么做，或提醒该注意什么，语言简洁有力。

2. 情感激励

情感激励是教师运用口语中的情感因素，调动学生积极的情感体验。学生们对于教师给予他们的良好感情，有着灵敏的反应。他们会用爱来表达对教师的感情。因此，教师在教育教学过程中，要善于用真实情感去激励每一位学生，促使其成才。

[范例]

班上有一位学生，阳光开朗，积极参加学校和班级的各种活动，学习成绩也不错，老师们都比较喜欢他。上课时这位同学表现得特别主动，不论老师提出什么样的问题，总是第一个举手回答，有时甚至不给别的同学回答的机会，以至于同学们对他颇有微词。班主任找他进行了谈话："你的性格真好，爱说爱笑，关心班级，开朗活泼，老师们都喜欢你这种热情大方的个性，以后继续发扬啊。不过，老师给你提个建议，以后上课的时候，老师提出问题后，不要着急马上回答，先静下心来，好好考虑一下，一是可以让回答更全面细致，二是可以先听听其他同学的发言，说不定对你还有启发呢。"这位同学一下子就明白了老师的意思，爽朗地说："明白了，老师，以后我要学会低调做人，高调做事。"两个人会心地笑了。

这位学生的性格属于外向型，各方面的表现都不错，喜欢表现自己。过于自信的学生有时会使得其他学生不快，上课不给别人发言的机会就更不对了。班主任老师先肯定了这位学生身上的许多闪光点，然后以关爱的口吻、用提建议的方法直截了当地指出他的不足，这就让学生容易接受、认可并改正。

(二)面对性格内向的学生

性格内向的学生，情感含蓄，处事谨慎，不善交际。他们的行动主观性强，为人处世多以自己的感想为出发点，不盲从、不跟风，按自己的意愿行事，不为周围所动。内向型性格的学生往往自尊心较强，情感较丰富，他们害怕在出错后遭到别人的嘲笑。对待这类学生，教师一方面要认真观察，更多地接触，了解他们的内心世界；另一方面要积极鼓励，帮助他们树立自信心。面对性格内向的学生，常用的教育口语有正面诱导和积极鼓励两种。

1. 正面诱导

教师对性格内向的学生要有足够的耐心，与其谈话时要亲切和蔼。一方面对其认真观察，了解他们的内心，找准影响他们前进的思想障碍，运用层层深入的说理方法，启发诱导他们打开"心结"；另一方面多用热情诚恳的表扬、鼓励性的语言进行引导，帮助他们树立自信心。

2. 积极鼓励

由于内向型的学生敏感、细腻，教师要用委婉的语言鼓励他们参与各种活动，激发他们说话的热情。跟这类学生谈话，要特别注意保护他们的自尊心，讲究谈话技巧。例如，选择合适的谈话地点和场合，观察学生的反应，恰当使用词语，提问时多用商量的语气等。话语中要充满肯定和鼓励，不说泄气话。有时为了和学生更好地沟通，也可以先采用书面的表达形式。

[范例]

张彤是位腼腆、文静的姑娘，学习中等，性格内向、孤僻，有些自卑，总觉得自己哪里都不如别人。不爱说话，喜欢独来独往。班主任兼语文教师利用批改学生作文的机会，在给她的评语中写道："你是一位内秀的女孩，上课认真听讲，对老师尊重有礼貌，做事认真负责。你写的作文，文笔流畅自然，观察事物细致，有自己独特的见解，非常难得。希望你今后能够主动和老师、同学交流，大胆发言，变得开朗一些，让更多同学了解你，看到你的优秀。"

第二天在课堂上，老师当着全班同学的面对张彤进行了表扬和鼓励："张彤同学这次的作文写得非常好，文笔流畅自然，特别是看待事物有自己独特的视角和见解，有大家风范。但她的胆子比较小，不善于表现自己，希望大家以后主动和张形同学交流，可以向她请教写作的心得，互相帮助，共同进步！"

从此以后，张形变得活泼多了，不时有微笑挂在她的脸上。

班主任兼语文教师对这位内向学生的教育是从写作文评语开始的，先通过书面沟通，让学生感到老师对她的欣赏、肯定和希望，再到课堂上的公开表扬，让同学们了解她的优点和长处，目的是树立她的自信心。班主任兼语文教师一方面鼓励她做自我改变，另一方面让同学们主动和她交流，帮助她变得开朗起来。

二、面对特殊类型学生的教育口语

对特殊类型学生的教育谈话，是学校教育工作的难点。因为所面对的人群的特殊性，教师更需要讲究谈话的艺术。

随着社会的发展，人们的心理问题日趋突出。资料显示，我国青少年的心理问题呈明显的上升趋势。对特殊类型学生的教育口语，要根据其外在的表现和形成的原因做到有的放矢。对有心理障碍的学生，教师要表现出极大的耐心，以信任为原则，疏导为主要方法。

[技能训练]

小琴是个性格内向的孩子，平时就不爱和同学交流。最近一次考试，她的学习成绩严重下滑。小琴更加沉默寡言了，有时无神地坐在座位上，不知在想什么。有学生和老师反映，小琴的爸爸妈妈离婚了。如果你是小琴的班主任，那么找她谈话时应注意什么？谈话该如何进行呢？

第四节　适应不同工作语境的教育口语

一、个别谈话

个别谈话也可称为谈心，是指教师为了了解情况、疏通思想或加深感情而与个别学生单独面对面进行思想和感情交流的教育口语方式。前面讲到的表扬、批评、说服等都可以在私下场合采用个别谈话的方式来进行。

个别谈话具有很强的针对性、交流性和私密性。教师可以针对学生个人的问题有的放矢地分析和解决。在只有两个人面对面的场合中，学生可以放下包袱，畅所欲言，师生能做到充分交流。个别谈话不仅能保护学生的自尊，还有利于学生接受老师的批评教育。

根据需要，个别谈话可分为正式谈话和非正式谈话两类。个别谈话应注意以下几点。

(一)根据谈话内容，确定谈话场合

教师找学生个别谈话，目的是要解决学生近期出现的思想或学习问题，如成绩下滑、连续迟到、不能按时交作业，等等。教师要根据谈话的内容和目的，选择谈话场所。如果是正式谈话，那么宜在教师办公室进行；如果是非正式谈话，那么可选择教室走廊、校园某一角落。谈话场合的选择，影响谈话效果。轻松的谈话氛围可消除学生的紧张心理。

(二)根据谈话对象，讲究谈话方式

个别谈话可根据谈话对象的不同，灵活机动地选择谈话方式。如谈话对象性格外向，大大咧咧，教师可以直截了当地进入主题；如谈话对象比较内向，羞于表达，教师态度要温和，表达要委婉，逐步引导学生袒露心声，进入交流佳境，最终实现谈话目的。

(三)注意感情沟通，要善于倾听

个别谈话是双向交流，在谈话中教师要和学生进行平等的感情交流，营造一种亲切宽容的谈话氛围。认真倾听学生说话，既是对学生的一种尊重，也可赢得学生的信任。在倾听中教师要让学生体会到关爱、赞许或责备，不要随便打断学生的话语，在适当的时候可以通过简单的插话和提问帮助学生厘清思路。总而言之，要让学生在和谐的情境中吐露心声。

二、面向班集体的教育口语

班集体教育是以班为单位，以班集体的全体成员为对象的教育，是我国学校教育中一种重要的教育形式。班集体教育开展得好，有利于形成良好的班风，为每一位学生的健康发展营造良好的学习、成长环境。

面对班集体的教育口语，主要是集体谈话，即教师为了建设和管理班集体、形成

良好的班风、增强班级凝聚力,而与全体学生面对面进行思想感情交流的口语表达方式。常见的班集体谈话方式有动员、报告、总结和讲话等。

(一)动员

动员是指教师向学生发出号召的讲话方式,一般用于重大的有意义的班集体活动的开始,如学习动员、校运会动员、实习动员、捐款动员等。

做动员时,应做到以下几点。

(1)说明开展活动的内容、背景和重大意义。

(2)讲清楚活动的具体要求、时限。

(3)鼓励学生积极参加活动。

教师动员的声音要洪亮,语气要坚定,语调要高昂,要用自己的激情感染学生,使学生产生向心力和凝聚力,为实现群情振奋的目标而努力。

(二)报告

报告是指教师向学生陈述情况、事实或意见的讲话方式,一般用于一项工作或活动的开展过程中或结束后,如会议传达报告、竞赛准备情况报告、考试结果报告等,具有信息反馈和增加动力的作用。

做报告时应做到以下几个方面。

1. 报告要及时

报告要根据事情进展的情况,及时让学生了解形势,明确情况及下一步努力的方向。

2. 报告要有针对性

报告要有针对性地向学生讲明形势,或纠偏,或鼓励,结合学生实际和工作进展需要,引导学生向纵深发展。

3. 报告要有整体性

报告的具体内容要与整体思想教育计划或整个活动的安排相结合,注意步调、措辞要一致。

4. 报告要有生动性

做"报告"时语言要生动,以吸引学生的注意力。

（三）总结

总结是指教师向学生发表对于工作或活动的评价性意见的讲话形式，一般用于一项工作或活动告一段落或结束之后。例如，社会实践活动总结、推广普通话宣传周活动总结、演讲比赛活动总结等。

做总结时应做到以下几个方面。

1. 总结要及时

一项工作或活动的开展既要有开头的计划、动员，又要有结束时及时的总结，不能虎头蛇尾，要体现整个活动的完整性，否则会前功尽弃。

2. 总结要客观

总结时，既要有表扬鼓励的内容，也要有对客观存在的不足的批评，不能夸大成绩掩盖问题，要实事求是，为以后类似的工作或活动提供经验与教训。

3. 总结要重点突出

总结时，对工作和活动的评价不求面面俱到，而要突出典型，突出共性的东西，力求准确、精当。

4. 总结要有启迪性

总结要在回顾和评价的基础上，进行必要的理性升华，由此及彼，使学生在具体的实践中增长知识，开阔视野，汲取经验教训，进一步明确前进的方向，"以利再战"。

（四）讲话

除以上介绍的"动员""报告""总结"外，教师常常还需要根据班级工作或活动的现场需要，有针对性地对学生进行说明、强调、补充和解释，这些讲话统称为教师讲话。教师讲话要机智、得体、言简意赅，话不多，但有实效，语言风趣、幽默，使学生易于接受教导又能够从中受益。

三、偶发事件中的教育口语

在教育教学过程中，由于某种内在或外界因素，出现的对正常秩序造成破坏或者出乎意料的事件，属于偶发事件。如上课时某些学生搞恶作剧或突然提出古怪刁钻的难题影响教学秩序，课外活动时发生意外伤害等。面对偶发事件，教师要有胆、有识、机智、灵活，因势利导地进行处理。

处理偶发事件要讲究教育策略和讲话技巧，应注意以下几点。

(一)沉着冷静，控制情绪

面对偶发事件，教师首先要控制自己的情绪，沉着冷静，深入细致地调查分析，问明原委，以温和、理性的态度，平缓、友善的语言，缓和激化的场面。不要妄下结论，要缓和双方的敌意。教师要顺应学生的心理，通过让学生思考、讨论，为自己争取时间来考虑对策，最后综合大家的意见得出结论。

(二)快速积极，控制事态

面对偶发事件，教师要表现出积极而不回避的态度，采取强有力的措施，用果断的语气及时制止双方，对当事者予以警告和提醒。此时教师的语言必须干脆有力、毫不含糊、义正词严、具有力度，这样才能有效遏制事态的发展。

(三)分析说理，善于疏导

事态被遏制后，关键是教师要对学生进行分析说理，动之以情、晓之以理。从事情发展的严重后果来进行分析，引起当事者的醒悟，唤起他们的理智。教师要用疏导的方式，分析事因，讲清道理，启发学生反省，使学生头脑冷静，从而改变错误的做法，最终化干戈为玉帛。

(四)语速舒缓，营造气氛

发生偶发事件时，教师更要讲究语言技巧。先用柔和的话语缓和冲突双方的矛盾，创造良好的谈话氛围；再用机智的话语，对错误方的言行加以指正，进一步化解尴尬，舒缓气氛。态度可严厉，但不能一味严厉。

偶发性事件发生的概率不高，但不可能完全避免。这就要求教师，特别是班主任，不断丰富自己的各种知识，充实自己各方面的经验，全面了解偶发性事件的特点，掌握有效的处理方式，化被动为主动，防患于未然，巧妙处理好偶发性事件。

四、与家长交谈时的教育口语

社会、学校、家庭共同构成了立体教育网络，是一个不可分割的整体。教师与家长的谈话主要分为两种方式：一种是与家长的个别交谈，另一种是在家长会上的讲话。无论哪种形式，都是为了交流学生情况，争取家长的积极配合和支持，教师与家长达成共识，共同促进孩子成长。

(一)与家长的个别谈话

教师进行家访和接待到校家长,通常是"一对一"式的交谈。教师是谈话的主导者,谈话内容具有多样性。对于个别谈话,教师应做到以下几个方面。

1. 准备充分,提高谈话的实效性

教师与家长进行个别谈话的内容有以下三点:一是及时向家长反映学生在校的表现;二是了解学生在家的情况及家庭对学生的影响,弄清楚学生在社会上的表现;三是和家长一起商讨教育学生的方法等。每次谈话的目的会有所不同,侧重点也不一样,所以教师要在谈话前做好充分的准备,比如翻阅学生档案资料、熟悉学生的家庭情况、搜集学生的在校表现、想好对家长有哪些具体要求,等等。只有这样,教师面对家长时才能做到有话可说,既有一定的条理性,又节约时间,也能建立起家长对自己的信任,同时掌握谈话的主动权,提高谈话的实效性。

2. 态度真诚,营造良好的谈话氛围

教师和家长的谈话的主要目的是针对学生在校的不良表现,寻找共同的解决办法。家长一听教师约谈,心中可能惴惴不安,担心孩子在学校的表现。所以,教师在预约家长见面时需要先用舒缓的语言进行抚慰,以免他们不明所以,着急上火。与家长谈话时,教师要营造良好的谈话氛围,慢慢引出教育孩子的话题,可先表达自己对学生问题的高度关注,再对家长提出要求,但要因人而异、随机而变。教师指出学生的缺点和错误时,要注意不要伤害家长的感情和学生的自尊,更不能出现"你们家长是怎么教育孩子的"这样的斥责,使对方有敌对感,事与愿违,无法达成谈话目的。

3. 语气委婉,商讨共同的教育策略

绝大多数家长能积极配合学校和教师的工作,但由于教育方法和思维方式不尽相同,有的家长过于溺爱孩子,事事包办;有的家长把孩子送到学校就不闻不问,发生事情就一味指责。所以,教师和家长谈话时,可用委婉的语气提醒家长重视孩子的教育。

(二)家长会上的讲话

学校、教师和家长对学校组织的家长会都高度重视。教师需要通过家长会全面通报班级一段时间以来学生的具体情况,家长也想通过家长会了解孩子在学校学习的详细情况。家长会工作的特点是"一对多""少对多",因此谈话内容讲求针对性和共性。家长会上的讲话要注意以下几点。

1. 做好精心、全面的准备工作

教师要认真对待家长会，做好充分的准备工作。第一，应当事先准备好讲话的主要内容和材料，如班级的总体情况、汇总后学生的学习成绩、学生的表现、学校的工作要求等；第二，要梳理好讲话的思路，如先讲什么，后讲什么，如何对家长提出要求等。这样才能保证教师在家长会上应对自如。

2. 突出共性，以鼓励、表扬为主

在家长会上，教师要针对家长普遍关心的问题做重点介绍和说明。先从正面入手，肯定学生的成绩，营造和谐的气氛。通过介绍情况，汇报工作，让家长感受教师强烈的责任心和认真负责的工作态度，在对各类学生表扬的基础上，也要客观分析班级存在的问题，引起家长的重视，希望他们全力配合相关工作。

3. 全面兼顾，言语得体

在家长会上，教师的讲话要注意把握分寸，语言要得体、适当。对学生的表扬和批评都要适度，切忌告状式的数落、诉苦式的指责或一些不当的暗示。这样不仅无助于对学生的教育，而且会失去家长对教师的信任。

[技能训练]

一、班里的王鹏同学虽然学习成绩一般，但平时能够积极参加班级组织的各项活动，特别是在最近举行的学校运动会上取得了两项第一，一项第三的好成绩，为班集体做出了贡献。作为班主任，你准备在班会上如何对王鹏进行表扬？

二、有位学生家长因为孩子最近的成绩下降明显，主动找到学校。假设你作为班主任，如何和这位家长进行交谈？

三、学校要求各班给贫困地区捐款、捐物，作为班主任，你要如何对学生进行动员？

第八章　教学口语

第一节　教学口语概述

教学口语是教师在课堂教学过程中的工作用语，是教师在课堂上根据特定的教学任务，针对特定的教学对象，按照一定的教学计划，在限定的时间内，运用适当的教学方法，对学生进行知识传授、能力培养和智力开发时所使用的语言。

教学口语是经过转化的书面语和经过优化的口语的结合。一方面，它以有声语言为主，以面部表情、手势、体态等态势语为辅，由于受教学内容和教学任务的约束，没有一般口语的随意性，更注重规范和严谨；另一方面，它吸收了书面语准确、精练、严密等特点，在口语的基础上进行转化和融合，形成既具有口语的通俗、晓畅，又有书面语的规范、典雅的独特语言形式。

教学口语是教师传递知识信息的主要手段，是进行教育教学活动的最基本、最重要的方式。教学口语也是师范院校学生必须重点掌握的教师职业技能。

一、教学口语的特点

(一)知识性

教师在课堂上以传授知识为主，教师所传授的知识都是人类智慧的结晶，蕴含着丰富的内容。在讲解教学内容时，教师恰当地旁征博引，能扩大学生的知识面，加深学生对教学内容的了解。所以，知识性是教学口语最大的特点。教师要始终以传授知识为宗旨，所使用的语言务必规范、科学且准确，具体表现为语音标准、用词恰当、符合语法，同时具备一定的逻辑性和条理性。所以教学口语的内容和形式都是科学文化知识的载体。

（二）连续性

课堂上教师所要讲授的知识具有系统性和完整性，教师需要长时间运用教学口语进行连续讲授。因此，各科的教学口语有着很强的连续性：一是时间的连续；二是内容的连续，要求衔接紧密、语言连贯。

（三）启发性

教师的教学语言要能够启发学生思考并使之有所领悟，不能一味运用"注入式""填鸭式"的教学方式，否则时间长了会引起学生的厌倦，导致学生在学习上陷入被动的局面。而富有启发性的语言包括大量的提问语、提示语、引导语，这些话语可以引导学生进入问题之中，激发学生的求知欲，调动学生学习的积极性和主动性。教师应善于运用启发式的教学口语来激励学生、启发学生。

二、教学口语的基本要求

（一）吐字清晰、流畅自然

要想在课堂上让学生喜欢听、愿意听，教师的语言一定要注意清晰度。教师说话是否清晰直接影响学生理解和领悟的程度。所以，教师教学口语的表达，要力求吐字清晰、圆润，说话不可含混不清、表意模棱两可。

教学口语的表达要顺畅、完整、自然。音节与音节、句与句之间要承接连贯，语音自然，不能吞吞吐吐、时断时续，或者反复出现"卡壳"现象，这样会严重影响学生对讲授内容的注意力。说话不流畅，在很大程度上是由于准备的不充分。要做到教学口语自然流畅，应该强化备课，理顺思路，并加强个人口语表达的训练。

（二）音量适中、快慢适度

在课堂上，教师要根据学生人数的多少、教室的大小来控制自己说话声音的大小。

教师还要根据学生的接受程度、教学内容、教学环境等设定合适的语速。语速应该快慢结合，中速为主。

此外，教师还应从学生听课的反应中了解情况，对音量、速度及时做出调整。

（三）规范简洁、条理清楚

规范简洁、条理清楚是教学口语最基本的要求。教师要做到发音准确、规范。每个词、每个字的发音都准确，不说错字、别字是最起码的要求。教学口语中的错字、别字比起书面语中的错字、别字所产生的不良影响更大，会让学生怀疑教师的基本功，直接影响学生对教师的信任。

说话条理清楚是合格教师必备的基本技能。一堂课，先讲什么，后讲什么，知识点如何分布，要达到怎样的目的，必须有计划、有步骤地进行。教学口语越有条理、越清楚，就越能帮助学生吸收和领悟所学知识。

(四)表情自然、体态协调

态势语是教学语言的重要辅助手段。所以，教师在课堂上的面部表情须自然得体，动作手势应恰当适度，身体姿态应稳健端庄，教师服饰应朴素大方，以此来树立良好形象，并吸引学生的注意力，激发其学习兴趣。

作为有声语言的辅助手段，教师课堂上的态势语，必须服从教学内容表达的需要，与教学内容相一致，不可不用，更不可滥用，要随着教学内容、情境气氛而有所变化；教师课堂态势语也是教师内心情感的真实流露，运用时要自然得体、恰当适度，体现美的原则，给人以美的享受。

第二节　教学口语的表达方式

根据教学环节和功能的一般情况来看，教学口语常见的表达方式主要有讲授语、演示语、提问语、应答语四种。

一、讲授语

讲授语是以教师的独白为主，用于系统完整地讲解和传授知识、技能，传达情感和价值观念的教学口语表达方式，是课堂教学中最基本的语言表达形式。讲授语是对复述、描述、解说、评述等基本口语表达方式的综合运用。

讲授语有两种类型：讲述语和讲解语。

(一)讲述语

所谓讲述语，就是教师运用叙述和描述的语言，向学生叙述事物发展变化的过程，描述学习对象的外部形态特征的教学用语。讲述语以感知教材内容为主要目的，以具体的人物、事件、形态、现象为讲述对象，特别注意讲述内容的系统性、完整性，讲述方式的清晰度、条理性。

讲述语在文科教学中运用较多。比如，历史教学中对史实的讲授；语文教学中对作品的基本内容，人物性格、经历、命运等的叙述，对某种动物、植物、景物的描述；等等。教师通过绘声绘色的讲述，唤起学生的联想和想象，以此来达到使学生感知教材的目的。

教师在运用讲述语时需要注意以下两点。

1. 内容安排要详略得当，重点突出

课堂教学的内容要有主有次，不要因为对某一史实或文学作品的讲述投入太多时间、分析太细，造成讲述其他教学内容的时间不足。所以，教师一定要抓住要点，突出重点，把握好时间，做到详略得当。这样，不仅有利于加深学生对教学内容的理解和记忆，还可以节省教师的教学时间，达到事半功倍的效果。

2. 语言要生动活泼，条理性强

教师讲述时，语言要力求生动、具体、形象，有一定的吸引力和感染力，并且条理性强，便于学生理解、掌握。

(二)讲解语

所谓讲解语，主要用来讲述基本理论知识，是用解释、说明、论证的方式传授知识的教学用语。它以理解教材为目的，以抽象的概念、定理、公式和深奥的道理、规律为讲授对象，使用准确、精练、明白的语言进行讲解。

教师在运用讲解语时需要注意以下三点。

1. 用语准确恰当

讲解所使用的语言只有准确清晰、精确恰当，才能保证所讲内容的科学性。

2. 语言通俗易懂

新的知识对于学生来说总有一定的难度，教师应该用深入浅出、通俗易懂的语言讲解，辨析那些深奥、抽象、不易理解的知识内容，化难为易。用学生已知的、熟悉的知识和道理去解释未知的、不熟悉的知识和道理，用具体的事物去解释抽象的道理及事物，帮助学生有效地接受全新的知识。

3. 把握好时间

有关资料表明，给学生讲解难题的时间以10～20分钟为宜，时间太长，学生容易疲劳、走神、开小差。因此，讲解的时间要适当。

二、演示语

演示语就是教师解说实物、教具、标本、图表、实验或者自己的形体动作时所使用的语言。演示与讲解同步进行。演示语在学校的各类课程教学中的运用非常广泛。

在教学过程中，教师常常运用实物、教具、标本、图表、实验等进行直观教学。这是一种极为有效的教学辅助方法。它可以让知识形象地、直观地跃入学生的大脑，使学生的各种感官积极活动起来，去看、听、摸、闻，去观察、想象、思考，从而获得知识。

在演示教学中，教师应将演示与语言介绍有机地结合在一起。因此，教师在运用演示语时需要注意以下三点。

1. 演示要明确清楚

教师在运用演示法进行教学时，一定要将演示对象置于每一位学生的视线内，或高高举起，或走到学生跟前，让学生看清楚，充分发挥演示的作用。

2. 讲解要具体细致

教师在运用演示法进行教学时，一定要对演示对象及实验过程做具体细致的讲解，帮助学生有目的地观察、发现，引导学生详细了解事物变化的过程。特别是在要求学生完成的实验中，教师的细致讲解显得更加重要。

3. 速度要快慢适中

教师要根据演示的速度和学生接受的能力来把握语速，尽量做到演示和讲解同步，速度适中。对于学生难以理解的重要内容、重要程序或步骤，教师要放慢速度，或重复演示或做详细讲解。

三、提问语

提问语是教师根据教学内容、教学目标和学生学习中存在的问题而提出的询问用语。爱因斯坦说过，"提出一个问题，往往比解决一个问题更重要。"教师应经常用一些巧妙的提问去启发学生的思维，引导学生探寻结论。恰当的课堂提问可以吸引学生的注意力，激发学生的兴趣，开拓学生的思路，培养学生分析、比较、归纳的能力，促进学生思维能力的提高，还可以增进师生互动，帮助教师了解和掌握学生的学习状况。

提问语是课堂教学中最常用的教学语言之一。提问语多种多样，有的帮助学生巩固所学的知识，如回忆式提问；有的考查学生对知识的理解程度，如理解式提问；有的是为了培养学生解决实际问题的能力，如应用式提问；还有分析式提问、综合式提问、评价式提问；等等。

提问并非教师一时的心血来潮，而是教师根据教学重点、难点，为了启发学生通过自己的思考和能力获得知识而精心设计的。因此，教师在使用提问语时要注意以下两点。

1. 精心设计

(1)教师要把对学生的提问纳入备课的重要内容之中，不能只是临时起意、信口开河。教师要在切实把握教材重点、难点的基础上，全面分析学生的基础和接受能力后设计问题，使提问做到有的放矢。

(2)教师要站在学生的角度来设计课堂提问。问题要与学生的思维水平相一致，难易适当，不能过高或过低。过高，学生都回答不上来，会打击他们的信心；过低，达不到训练思维的目的。

(3)教师还要注意提问要具体明确，一是目的明确，二是问题明确具体，不要模棱两可、含混不清，让学生不知如何作答。总之，深浅适度、数量适当、角度新颖的提问，既能引起学生的兴趣，又符合教学要求，富有启发性。

2. 方法得当

(1)提问要面向全体学生。教师先提出问题，再指定学生回答，不能只叫学习成绩好的学生回答问题，也不能只叫坐在前排的学生回答问题，这样会使其他同学觉得和自己无关，进而失去学习的兴趣，最好让每位学生都有回答问题的机会。

(2)教师提问后，应当稍作停顿，给学生一定的思考时间，再指名回答。学生有时间组织应答语言，准备充分，可以回答得更好，有助于增强学生的信心。对于一个问题，可以叫几位学生回答。学生回答后，教师不要急于评价，要给其他学生讨论交流的时间。在提问与回答的过程中逐步提升学生的思维能力。

(3)提问时，教师态度要温和，可以用期待的眼神注视学生，鼓励学生积极思考。提问时，教师的语速不宜过快，语音要清晰，可以重复提出的问题，以免学生忘记。当学生回答困难或回答错误时，教师可做适当的提醒和引导。比如，可以用"别着急，想好了再说""有点紧张了吧，再好好想想""相信自己，试试看"等话语。

四、应答语

应答语是教师在教学过程中针对学生就教材内容、教师讲解提出疑问时所做的回答语。应答语的即时性比较强，可以充分表现教师丰富的学识和机敏的应变能力。教师在回答问题时，要做到果断明晰、不迟疑、不模糊，给学生一个明确的答复，简明扼要，回答要抓住问题的要点、核心，简单明白地予以解答，没有必要铺展开来。教师在答疑时切不可将话说得太满、太绝对，要做到留有余地，也要给学生一个思考的空间。教师在应答时要注意引导学生养成独立思考的习惯，培养学生学习的积极性和自觉性。

应答语主要有一般应答语和应变应答语两种。

(一)一般应答语

一般应答语包括简单应答语、讲解应答语和反问应答语。

1. 简单应答语

学生提出的问题比较简单，教师做简短回答。有时，教师可以用"是"或"不是"来回答。

2. 讲解应答语

学生提出问题后，教师需要做出较为复杂的回答来解答学生的问题时，教师常常要用一些比喻、类比等修辞手法，便于学生理解。

3. 反问应答语

学生提出问题后，教师不做正面回答，而是反问学生，引导学生和老师一起解决问题。

(二)应变应答语

在课堂教学中，常常会出现一些意想不到的情况，如学生提出了令人想不到的问题。这样的问题，有的是学生经过认真学习、积极思考后提出来的，有的则是一些顽皮学生的恶作剧，故意刁难老师的，还有的是与学习内容没有什么关系的。这就要求教师既要有扎实的基本功，又要有敏锐、机智的反应能力，还要有一颗宽容的心。

一般遇到这样的提问，教师可以先肯定学生勤于动脑、敢于提问的勇气，或者可采用反问的方式，为自己争取考虑的时间，再针对问题结合自己平时积累的知识进行解答，最后再次鼓励学生的这种主动积极的学习态度，从而带动学生养成勤于思考、善于思考的良好习惯。

因此，教师在运用应变应答语时，需要注意以下两点。

1. 要有扎实的基本功

教师需要不断学习新知识，增加知识储备，只有这样，遇到难题时，才能从容不迫地调动平时积累的知识来解决问题。

2. 要有良好的心理素质

遇到棘手的问题，教师应该从容应对，对于实在不好作答的问题，应该坦诚地告诉学生，下课后查找答案或与其他老师讨论后，下一节课给学生解答。万不可因为自己回答不上来而恼羞成怒，迁怒于学生，或者用模棱两可的回答敷衍学生。这样做会严重打击学生学习的积极性，也会造成学生对教师的不信任，进而降低教师在全体学生心中的威信。

第三节　主要教学环节的教学口语

教学口语作为教师传递信息、传授知识并获得教学反馈的主要手段，运用于教学的全过程。这个过程通常以 45～50 分钟为一个基本时间单位。根据教师日常课堂教学的一般形式，我们将主要教学环节的教学口语分为导入语、过渡语和断课语。

一、导入语

导入语，又叫开课语、导语，是指教师在讲授新的教学内容之前，为了自然巧妙地导入新课，对学生所讲的一段简明扼要而有吸引力的话语。

导入是课堂教学过程中的重要环节。精彩的导入语能够明确教学目的，引起学生的注意，激发他们的学习兴趣。运用得当，可以使师生沟通情感，为整个教学过程的实施奠定良好的基础。

(一)导入语的形式

根据不同的教学内容、教学对象以及教学场合，导入语的设计灵活多变、形式多样。

1. 直接导入

教师在上课开始时，开门见山，直接说出教学内容，点出教学的重点、难点，说明教学目的。这种方式简洁明快，学生听后，能很快做到心中有数，学起来能够更积极主动。

2. 释题式导入

教师通过解释题目、课题进行导入。这种方式能够帮助学生明确学习重点，迅速领悟教学的主要内容，把握学习内容的主要线索，起到纲举目张的作用。

3. 故事式导入

一般来说，学生都爱听故事。教师通过寓言、故事、传说等导入新课，往往能够令学生很快集中注意力，快速进入课堂学习中。运用这种方法时要注意，所讲的故事必须与教学内容有密切的关系。

4. 悬念式导入

悬念能激发学生的好奇心，具有引人入胜的独特魅力。教师精心设计悬念，将其作为导入语，能够最大限度地调动学生学习的积极性，鼓励和引导学生参与教学，获取真知。

5. 情景式导入

教师从实现教学目的的需求出发，利用语言、环境、设备、音乐、绘画等，营造出和教学内容相关的情境，吸引学生的注意力，激发学生的兴趣。

6. 情感式导入

教师用饱含深情的语言渲染情绪，创设氛围，使学生受到感染，不知不觉地进入教学内容的学习之中。

7. 复习式导入

教师在讲新课前，复习以前的知识点，利用学生的知识储备导入新课。其中，所复习的知识点就是新课的教学切入点。这种方法自然亲切，又能切中要害，能使学生温故而知新。

8. 谐趣式导入

教师用诙谐的语言导入课程，让学生在轻松活泼的气氛中开始后面主要教学内容的学习。

(二)导入语的基本要求

不论哪种形式的导入语，都是为了吸引学生的注意力，调动学生学习的积极性，引出要讲授的主要内容。其基本要求主要有以下三点。

1. 目的明确，符合教学实际

导入语用于授课伊始，是完成教学任务的一个必要而有机的组成部分，有提纲挈领的作用。所以，教师一定要根据既定的教学内容和教学目标科学地设计导入语，或设计悬念，激发学生的兴趣；或开门见山，承上启下；或营造氛围，沟通感情；等等。

2. 针对性强，符合学生实际

导入语的设计应结合学生实际，根据学生的年龄特点，从学生的知识水平、能力的实际情况出发，做到恰当贴切、灵活新颖，这样学生才能接受并随着导入语进入学习状态。

3. 简洁明快，富有吸引力

使用导入语的目的是激发学生兴趣，启发学生思维，引入新课的教学。导入语本身不是主要的教学内容，更不是教学的重点、难点。因此，导入语要简洁明快，短小精悍，几分钟即可转入正题，切不可时间过长，喧宾夺主，影响后面教学内容的讲授。导入语要富有吸引力，这样才能引起学生的学习兴趣。

二、过渡语

过渡语是指教师将一个教学环节与另一个教学环节、一个知识点与另一个知识点衔接起来所使用的语言，也称作衔接语或转换语。巧妙的过渡语可以提高课堂教学质量，增强课堂教学效果。

过渡语的作用是衔接不同章节、不同知识点，所以要求过渡语必须顺畅、妥帖。因为过渡语不是教学的主要语言，只是起到一个辅助、引导的作用，所以要求过渡语必须短小精当。恰当的过渡语能使课堂教学环环相扣，把学生掌握的知识点连接起来，这就要求过渡语设计得巧妙自然。

常见的过渡语有以下四种。

(一)直接过渡语

直接过渡语也叫衔接式过渡语，是指承接上文，直接过渡到下面要讲授的内容所用的语言。这种方式用语简短，入题迅速，给人明确的提示。很多教师在进行知识点的转换时，常用这种过渡语，简单、方便。

例如，"我们刚才通过文章中的外貌和语言描写，初步了解了鲁迅先生。下面，让我们一起来看看人们对他的评价。"这句话就是直接过渡语。

(二)提示过渡语

提示过渡语是指教师讲完一部分内容并进行梳理、归纳后，对接着要讲的内容给予提示，从而过渡到另一部分内容的讲授时所运用的语言。这种过渡语主要用于逻辑上有逐层深化关系的前后教学内容的衔接。

例如，一位教师在讲完老舍的《在烈日和暴雨下》的第二段后，用了这样的过渡语。

这里不但写出了烈日下车夫的口渴难熬，而且直接表现出了劳动者非人的生活。这就是祥子拉车的典型环境。在这样的环境中，祥子又会怎样呢？接下来就是写祥子在烈日下拉车。

(三)提问过渡语

提问过渡语是指教师用提问的方式完成教学内容转换所用的语言。它既可引出下一部分内容，又可为下一部分内容提出一个有意义的问题，引导学生去阅读下文。

例如，一位教师在《黄河象》一文的教学中，讲完第一部分黄河象的骨骼化石的样子和特点后，设置了"这样高大完整的黄河象化石是怎样形成的呢？"这样的提问。这既承接了上文黄河象高大完整的特点，又开启了下文黄河象化石的形成过程。这种方式引发了学生的思考，激发了学生学习下一部分的兴趣。

(四)强调过渡语

强调过渡语是指教师在讲解了一个问题的一个或几个方面后，向学生强调说明，这不是问题的全部，还有其他某些方面要特别注意，而这正是容易被忽视或是难度更大的部分的教学用语。

例如，下面是一段过渡语。

前面我们讲了韵母的概念、韵母的分类以及韵母的发音，知道了韵母的构成及发音特点，但为什么好多同学说普通话时，遇到前后鼻音的音节仍然容易混淆，容易读错呢？好，下面我们就一起来学习"前后鼻音的区别"。

运用过渡语时要注意以下两点：一要过渡自然，不能转折得太突然、生硬，这会使学生感到突兀，影响学生学习兴趣的持续性，进而影响学习效果。二要语言简洁，过于拖沓会打乱教学的连续性。

三、断课语

断课语，也叫结束语、总结语，一般是指即将结束一节课时所说的总结性话语，是课堂教学中一个不可忽视的重要环节。一堂课的成功，除要有引人入胜的开头和环环相扣的过渡外，还要有好的结尾。精心设计的断课语，可以帮助学生对所学知识进行归纳、总结，还可以帮助学生整理思绪，对整堂课的教学起着"回炉"作用，而且对下一节课的教学起着承上启下的作用。优秀的教师都十分注重断课语的设计。常用的断课语有以下四种。

(一)自然式断课语

教师按照教学内容的先后顺序进行讲授，进行到最后一节甚至最后一句话时，下课铃声响起；或者教学告一段落，正好下课铃响，教师顺势下课。这时候所运用的语言，就叫自然式断课语。运用这种断课语要求教师精心设计课堂教学的内容和结构，准确把握教学的进程和时间，只有这样才能达到预期的效果。

(二)归纳式断课语

教师讲授完一节课的主要教学内容后，为了使学生对课堂所学内容有一个完整而深刻的印象，教师用简单明了、准确精练的语言对主要内容的重点、难点进行归纳、概括、总结。这种方法可以用于对一节课的内容进行归纳总结，也可以用于对有联系的几节课的内容进行归纳总结。这种结语方式可以增强学生对知识的系统记忆和深入理解。

(三)扩展式断课语

在学生理解教学内容的基础上，教师有意将所学知识向其他方面延伸，把新旧知识联系起来，拓宽学生的知识面，用学生所学知识来分析现实生活中的现象，引起学生浓厚的兴趣。这种方式可以锻炼学生的创造性思维，拓展学生新的认知空间。

(四)预告式断课语

预告式断课语是指教师在临近下课时，预告下一节课要讲授的内容，也叫任务式断课语。教师在预告的同时给学生布置课后的学习任务。

总之，断课语的设计要干净利索，不拖沓，自然流畅，不落俗套。

第四节　适应不同学科的教学口语

中小学的教育属于基础教育，而基础教育的目的，是引导学生系统地学习各门学科的基础知识，掌握基本技能和基本方法。基础教育的目标，主要是通过各门课程的课堂教学来实现的。现行的中小学学科体系大体上可以分为三大类：社会学科、自然学科和技能学科。社会学科主要是关于人类社会现象及其本质的科学，如语文、外语、历史、道德与法治等；自然学科是关于自然现象，自然界物质存在及其运动、变化、发展规律的科学，如数学、物理、化学、地理、生物等；技能学科是关于技术能力的科学，如体育、音乐、美术、劳动技能等。

教学口语是课堂教学的主要表达工具。不同学科的教学口语除必须遵循教学口语的一般要求外，还有着不同的特色。

一、社会学科教学口语的运用要求

社会学科主要是关于人类社会现象及其本质的科学，具有思想性、情感性、形象性和审美性的特点。受社会学科教材内容、教学目的、教学要求以及学科自身的内在规律的制约，教师在运用教学口语时，应注意以下三个方面的要求。

1. 具体形象

具体形象是指用具体直观的语言来描述事物、人物、场面等，使之能够在学生头脑中生成形象画面的表现形式。这就要求教师在教学中选用那些形象逼真、绘声绘色的语言再现有关客观事物的形式、声音、色彩及人们的感觉。形象的教学语言，具有化抽象为具体、化深奥为浅显的作用，不仅能够提高学生的学习兴趣，激发他们的联想和想象，而且能够引导学生感知教材、理解教材，培养学生感知世界、认识世界的能力，更有利于发展学生的形象思维能力。

2. 情感充沛

由于社会学科的教学内容是认知和情感的统一，教学内容中的人物、事件、立场和观点，都代表和体现着人们一定的思想感情，甚至是某种强烈的爱憎情感。这就要求社会学科教师的教学语言也要充满感情，达到认知和情感的统一。教师在教学中通过富有情感的语言来助力学生完成对知识的消化吸收，促进学生知识水平的提高，陶冶学生情操。

要使教学口语富有情感和感染力，教师必须把自己的情感融入对教材内容的理解和认识中，将自己丰富的情感贯穿于教学过程之中。

富有情感的教学语言，能够振奋学生的精神，激发学生相应的情感体验，引起学生的共鸣，使学生感受到教师语言的强大魅力，也真正体现了社会学科教学对学生陶冶情操、塑造心灵，培养学生正确的人生观和道德情操的作用。

3. 生动活泼

社会学科的教师要运用丰富的语调、态势语及多种表达方式，将教学内容活灵活现地表现出来，做到声情并茂、抑扬顿挫。这样生动活泼的语言，才能达到形式和内容的统一，更能激活教学内容，调动学生思维，也能将蕴含丰富情感因素的教学内容展示给学生。

二、自然学科教学口语的运用要求

自然学科主要研究的是自然现象，自然界物质的存在及其运动、变化、发展的规律，涉及大量的概念、公式、定理等，具有客观性、逻辑性和实用性的特点。一般来说，与社会学科相比，自然学科更讲究用语的准确性和逻辑性。自然学科教学口语的运用具体有以下三个方面的要求。

1. 准确、严谨

自然学科的内容是经过不断提炼、抽象而得到的，是对客观事物及其运动规律的科学概括和总结。学科本身的科学性对教学语言的准确性提出了更高的要求。准确是指遣词造句、组织语段时，用语要精当，要恰如其分地表达教学内容；严谨是指表意要谨慎、周到，没有疏漏。对原理、公式、定义的阐释必须客观，不能任意夸大或缩小。所以，自然学科的教学口语更强调用词精当、准确、严谨。这就要求教师必须全面了解教材，对教材内容有非常准确的把握。

2. 逻辑性强

自然学科重在揭示客观事物的特性、联系和变化，具有很强的条理性、层次性和逻辑性。这就要求自然学科的教学用语在揭示和反映这些客观事物时，更讲究逻辑性，必须连贯、系统，层次清楚，脉络分明，避免杂乱无章、条理不清、逻辑混乱。

自然学科的教师要通过逻辑推理的方式，在已知前提下利用所学知识进行严密论证，使学生随着教师连贯、系统的语言链条，环环相扣，达到领会、掌握和牢记的目的。在自然学科教学中，不能用想象和猜度来代替严谨的推理和科学的论证，也不能用夸张的语言和跳跃的思维来代替严密的阐述。

逻辑性强的教学语言有助于学生对客观事物产生有条理的认识，可以培养学生的逻辑思维能力，发展他们的智力。

3. 明白、平实

自然学科的内容大多是一些复杂的原理、抽象的事理，它们与人们的日常生活、生产、工作、学习密切相关，但人们不熟悉。因此，自然学科的教师要尽量使用通俗易懂、平实的语言，将事物的原理、性质、功用等讲解得简单一些，帮助学生理解和领会。

需要注意的是，对不同学科教学口语的要求是相对而言的，不能绝对化、极端化。在使社会学科的教学口语具体形象、情感充沛、生动活泼的同时，教师也要根据教学内容的需要，使自己的教学语言更加准确严谨、通俗易懂而富有条理性；在使自然学科的教学口语准确严谨，逻辑性强，明白、平实的同时，教师也要根据教学内容，适当运用形象、生动、富有感染力的语言。

三、技能学科教学口语的运用要求

技能学科的实践性很强，将教学内容融入各种技能、技巧的实际训练。这就要求教学口语要带有明显的指导性和演示性。教师在运用技能学科的教学口语时应注意以下两个方面。

1. 指导明确

教师在带领学生进行某种技能训练时，更多地运用指导性语言，指出动作要领，提醒学生注意重点是什么，难点在哪里，对技能训练有导向作用。技能学科的实践性强，所以教师的指导语言须简洁、明确，通常采用肯定的、命令式的语言形式，通过语气、语调的变化进行强调、重复，加深学生的印象，让他们更快地掌握训练要领，切忌语言啰唆杂乱、没有要点。

2. 语言简洁

技能的传授和理论知识的传授不同，它的实践性更强，重在要求学生掌握某种技能，而不太注重技能本身的起源、传承、发展等原理。因此，教师在指导学生训练某种技能时，需要边示范边讲解。教师的示范必须准确清楚，便于学生模仿、训练，易于学生理解。

第五节　适应不同教学对象的教学口语

无论是传统教育还是现代教育，因材施教都是最基本的教学原则。现代教育提倡以学生为主体，强调学生在学习中的中心地位。教学语言作为向学生传授知识、培养能力、开发学生智力的最基本的手段之一，也要遵循因材施教的原则，以学生为主体，充分体现针对性和灵活性。教师也应重视并适应学生的差异，根据教育对象的不同层次、不同个性，恰当地运用相应的教学口语。

一、适应不同层次学生的教学口语

(一)面对小学生的教学口语

小学生知识储备少，抽象思维能力弱，上课时注意力不易集中，但好奇心和求知欲强，很在乎老师的表扬和夸奖。因此，面对小学生的教学口语要注意以下两点。

1. 通俗易懂、形象直观

给小学生上课时，教师的语言要形象生动、直观具体，易于学生理解，对某些重点难点内容应做必要的重复。语文课可以通过讲故事、猜谜语的方式进行，数学课可以在有趣的生活情境中进行数学运算，让学生在轻松、活泼、愉悦的氛围中获得知识。

2. 语气亲切、表情丰富

上课时，教师态度和蔼，语气亲切，学生就比较愿意接近；教师讲话绘声绘色，表情丰富生动，学生就容易被吸引；教师多鼓励、多夸奖，学生就会受到极大的鼓舞。教师要努力做到让学生在快乐的氛围中学习知识。

(二)面对初中生的教学口语

相较于小学生，初中生的自觉性、理解力都有了很大的提高。因此，面对初中生的教学口语要注意以下两点。

1. 尊重学生，因势利导

初中生随着年龄的增长，有了更强的自主意识和独立意识，处于"青春叛逆期"，对成年人的一些忠告有本能的排斥心理，逆反心理较强。所以，教师的语言应更多体现在对初中生自尊心的保护上，鼓励学生多发表自己的看法，对他们一些幼稚的表现予以宽容，因势利导。

2. 加强知识性和启发性

初中生的知识面和理解能力都有了明显的提高，所以，初中生的课堂可以加大知识含量，加强对其思维能力的培养。教学口语除了具有趣味性，还应该具有更多的知识性和启发性，可以提高知识讲解的深度，鼓励学生动脑，培养其一定的抽象思维能力。

(三)面对高中生的教学口语

高中阶段的教学口语与初中阶段的教学口语有一定的一致性，都比较强调知识性和启发性，但高中生的独立自主意识更强，抽象思维能力有了较大发展，并且有了一定的自学能力。因此，面对高中生的教学口语应注意以下两点。

1. 注重肯定和鼓励

高中生的学习目的比较明确，对知识的探索有了更大的热情，自主意识增强，但情绪容易受外界影响而产生波动，或盲目乐观，或一蹶不振。所以面对高中生的教学口语，要具有更多的热情、耐心和细致，对学生给予充分的肯定和鼓励，以赢得学生的信任。

2. 增强逻辑性

高中生的理解能力有了较大的提高，所以教师在教学口语中可以进一步加强话语中的知识含量和讲解深度，注重遣词造句，增强逻辑性；还可以在话语中穿插一些哲理性的语句，引导他们细细品味，深入思考。

二、适应不同个性学生的教学口语

学生在受教育过程中，他们的学习能力、学习兴趣都会呈现出一定的差异性。除此之外，个性特征也是影响学生成长的重要因素。因此，面对不同个性的学生，教学口语的运用也应该有所区别。

(一)对开朗、乐观的学生要随和理智，对消极、悲观的学生要宽容激励

有的学生性格开朗，积极乐观，学习做事热情大方，往往容易受到更多同学的喜欢；有的学生性格内向，比较悲观、消极、淡漠。教师不论是在课堂上提问还是课后辅导，对于前者，态度要随和，除了鼓励他们要有积极进取的精神，还要提醒他们做事学习要更踏实；对于后者则要表现得更宽容一些，充分考虑他们内心的感受，多一些微笑和耐心，不时穿插几句激励的话语，振奋其精神，课外可主动接近关心他们，主动询问他们的学习情况，建立师生间的信任。

(二)对自信的学生要给予肯定和提醒，对偏执的学生要给予尊重和帮助

有的学生很自信，做什么事都非常自信，教师要对其自信的表现予以肯定，同时提醒他们也要看到自己的不足；有的学生比较偏执，喜欢跟别人争辩，但有时观点也很深刻，教师要肯定他们独立思考、坚持己见的一面，然后心平气和地指出他们的片面之处，尽量消除他们的偏见，但要表现出对他们人格的尊重，必要时予以帮助。教

师不能对不同性格的学生产生偏见。

　　"一把钥匙开一把锁"的教育原则不仅适用于教育口语，也适用于教学口语。"因材施教"的教学原则是教师语言艺术的重要表现形式。

［技能训练］

一、教学口语的基本要求是什么？

二、常用教学口语的基本表达方式有哪几种？说明演示语的特点和具体要求。

三、请使用讲述语介绍一位你最喜爱（或敬佩、崇拜）的作家或科学家。

四、回忆并讲述以前你听课中印象最深的教学导入语。

五、对待初中阶段的学生，教学口语应该注意什么？

参考文献

[1]国家教育委员会师范教育司. 教师口语(试用本)[M]. 北京：北京师范大学出版社，1996.

[2]唐涤非，黄兰，唐树芝. 教师口语技能[M]. 长沙：湖南师范大学出版社，2000.

[3]赖华强，杨国强. 教师口才训练教程[M]. 广州：暨南大学出版社，2000.

[4]吴弘毅. 实用播音教程：普通话语音和播音发声(第1册)[M]. 北京：中国传媒大学出版社，2002.

[5]人民教育出版社中学语文室. 听话和说话(第2册)[M]. 北京：人民教育出版社，2005.

[6]王建华. 新编大学生口语交际教程[M]. 杭州：浙江大学出版社，2005.

[7]潘家懿. 新编普通话训练教程[M]. 太原：书海出版社，2001.

[8]王玉强. 智慧背囊(四)[M]. 海口：南方出版社，2003.

[9]杨亦鸣. 语言能力训练：口语篇[M]. 北京：高等教育出版社，2012.

[10]应天常，王婷. 主持人即兴口语训练[M]. 北京：中国传媒大学出版社，2009.

[11]国家语委普通话与文字应用培训测试中心. 普通话水平测试实施纲要(2021年版)[M]. 北京：语文出版社，2022.

后 记

作为多年从事普通话语音和教师口语教学的大学教师，编写一本适合高等院校特别是师范类院校学生使用的教材是我们一直以来的心愿。在多年的教学实践中，我们摸索并积累了一定的教学经验，形成了一些符合师范生语言技能课程要求的教学思路。把这些经验和思路汇集在一起，既有利于学生更好地学习语言课，又有助于推动高校的课程建设和课程改革。语言技能是大学生综合素质的重要组成部分。新的时代对未来教师的要求越来越高，师范院校加强师范生语言表达能力的培养，既有利于在校学生的专业学习，提高他们的社交礼仪水平和社会适应能力，又有利于他们顺利实习、毕业、就业，为他们走上教师工作岗位奠定坚实的语言基础。

本书实用性很强，主要根据师范生的实际需求编写而成，既注重基本理论知识的介绍，又注重基本技能的训练，二者相辅相成。书中提供了大量范例和训练材料，具有显著的针对性和实用性，适用于开设普通话和语言表达训练课程的院校及相关培训学校，可作为普通话、语言表达类教师课堂教学的主要蓝本和学生训练的主要指南。

值得一提的是，本书还是山西省语言文字科研课题"山西省高校语言文字教育教学研究(2023yb031)"的结题成果。

在编著本书的过程中，得到了太原师范学院、忻州师范学院、吕梁学院、阳泉师范高等专科学校领导和相关教师的大力支持，在此深表谢意！

本书在编写过程中参阅了许多专著、文章和其他形式的成果。谨此一并致谢，凡未一一注明的，敬请见谅。

编 者

2024 年 7 月